図解

実家の相続、
今からトラブルなく
準備する方法を
不動産相続のプロがやさしく
解説します！

松原昌洙
株式会社中央プロパティー 代表取締役

クロスメディア・パブリッシング

はじめに

相続トラブルは、昔からあるもめ事ですが、時代とともにトラブルの背景や内容が変わってきています。中でも、実家を相続した兄弟姉妹がもめるケースは、不動産の〝負動産化〟や家族形態の変化、家から個への意識変化などを背景として、これまでとは違う新しいトラブルを数多く生じさせています。

近年の統計を見ると、相続トラブルのほとんどに「不動産」が絡んでいます。相続税の申告者、つまり、相続する財産が多いため課税されるレベルの人では、相続財産のおおよそ半分を不動産が占めています。一般的には「相続財産の大部分は不動産」とも言われるくらいで、相続税が課税されない相続も含めれば、半分よりもっと高いはずです。実務の現場での私の実感では、8割くらいになるのではと思います。

我が国の65歳以上の高齢世帯の持ち家比率は実に8割以上。親が亡くなれば、必然的に実家（土地・建物）を相続することになります。「うちは財産もないから相続でもめる要素はない」と思いがちですが、裁判所の遺産分割調停件数の7割以上は相続財産５０００万円以下で、１０００万円以下でも約3割あります。この金額は相続税がかからないレベルですが、相続財産が少額であっても多くのトラブルが発生していることを物語っています。

なぜ、相続財産が少額の「ごく一般の家庭」でこのような相続のもめ事が多く起こるのでしょうか。理由は、相続財産に占める不動産の割合が高く、相続税が課税されない一般の家庭なら預貯金もそれほど多くないことにあります。

不動産は預貯金と違って価格がわかりにくく、物理的にも分けにくいので、公平さの納得を得ることが簡単ではありません。結果、トラブルを誘発しやすくなるのです。

相続が発生すると相続財産はいったん相続人全員の共有名義となり、遺言などがない場合は、遺産分割協議によって各人の配分を決めることになります。不動産も法律で定められた相続分に応じた共有名義になりますが、共有名義のままでは制約が多く、活用がしづらくなります。また相続財産に占める割合が大きいので、相続人の1人に集約すると配分が著しく不公平になってしまいます。

しかも、昔と違って、土地は一部の地域を除けば、売ることも難しい「お荷物遺産」と化しています。そのため、空き家であっても売却して配分するという選択がとりにくいことも珍しくありません。相続人の誰かが住んでいると、住んでいない相続人との利益もアンバランスになります。

このように、「相続財産に占める不動産の割合が大きいこと」と、「不動産の共有名義の扱い」が、実家と少しの財産の普通の家庭で相続トラブルが普通に起きてしまう原因です。

さらに、配分の話し合いには親族ならではの感情が絡むことも、トラブルを複雑にします。親のどちらかが生きているうちは、まだ歯止めがかかりますが、特に残った親も亡くなった後の「2次相続」、つまり兄弟姉妹だけの相続では、自分の立場を強く出して感情のぶつかり合いとなり、争いが泥沼化します。

多くの人が実家の不動産の相続をきっかけにトラブルとなることから、本書では、主に一般的な家庭の兄弟姉妹による2次相続を中心に、私の日々の相談事例の経験から見える「トラブルのプロセス」と「その対策」を解説しました。

本書は拙著『不動産相続のプロが解決！ 危ない実家の相続』（毎日新聞出版）などのエッセンスをコンパクトに再整理し、図解によって、よりわかりやすく解説したものです。普通の家庭に普通に起こる実家の相続トラブルの防止、さらに相続後の仲の良い兄弟姉妹の関係維持に、少しでもお役に立てることを願ってやみません。

2020年12月

株式会社中央プロパティー 代表取締役　**松原 昌洙**

もくじ

はじめに …… 2
本書の見方・使い方 …… 8

Chapter 1 普通の家庭で普通に起こる「実家の相続」をめぐるトラブル

1 我が家の相続トラブルは実家の不動産から始まる …… 10
2 実家の相続不動産には共有名義問題が発生する …… 12
3 相続に不動産が絡むと感情的な溝を生みやすい …… 14
4 実家の評価額や分け方はいろいろあるから難しい …… 16
5 損得より感情のもつれがトラブルの引き金となる …… 18
6 家中心の相続が変化し新たなトラブルを生む …… 20
7 不動産は空き家になると相続を避けたい〝負動産〟に …… 22
8 共有名義や借地権が相続トラブルを増幅 …… 24
9 遺言書の活用で不動産相続トラブルを回避 …… 26
10 円満だと思う家庭でこそ相続対策で憂いを断つ …… 28

11 相続の手続きでは期限のあるものに注意する …… 30

コラム 公平に等分な分配をすると公平でなくなる …… 32

Chapter 2

実家の「共有名義」をうまく処理できれば相続トラブルはほぼ解決

1 実家の不動産相続に必ずついてくる共有名義問題 …… 34

2 共有名義不動産は管理や変更に3つの制限がある …… 36

3 住む者vs住まない者のバトルがなぜ多いのか …… 38

4 空き家の売却をめぐっても共有者の食い違いが出る …… 40

5 「とりあえず共有」はリスクの先送りとなる …… 42

6 相続不動産の共有名義はデメリットの理解が重要 …… 44

7 相続時の共有名義はよいが最終的には解消する …… 46

8 共有名義の解消方法は売る・買う・放棄の3つ …… 48

9 第三者に自分の持分を売るのも難しくはない …… 50

10 共有物を分割する方法は現物・代金・代償の3つ …… 52
11 解消の最後の切り札は「共有物分割請求訴訟」 …… 54
12 親が元気なうちにトラブルの芽を摘もう …… 56
13 共有名義トラブル対策としてやっておきたいこと …… 58
コラム 共有名義の固定資産税は住んでいる者が払うのか …… 60

Chapter 3 知らないと大損する「借地権相続」への対処

1 借地権で相続した実家は制約付きの所有権になる …… 62
2 借地権は建物を建てるために借りる土地に発生 …… 64
3 借地権の相続で生じる地主との関係と制約 …… 66
4 借地権トラブルは相続をきっかけに起こりやすい …… 68
5 地主と借地権でもめないための基本 …… 70
6 地主ともめてしまったときはこんな対策がある …… 72

7 共有名義借地権は地主と共有者が三つ巴のバトル …… 74
8 地主ともめないための借地権契約のポイント …… 76
9 借地権トラブル回避策を地主の立場から見てみる …… 78
10 Ｑ＆Ａで理解する借地権に関するよくある疑問 …… 80

Chapter 4 将来の実家の不動産相続をトラブルなく終えるために

1 相続で家族が崩壊しないための心がけと対策 …… 84
2 相続トラブルの回避に遺言書の効果は大きい …… 86
3 遺言書は法的な決まりを満たしていないと無効 …… 88
4 長生き社会では相続前の認知症対策も重要になる …… 90
5 認知症対策として利用が増えている家族信託制度 …… 92
6 準備なしの相続発生でもトラブル回避の対応を …… 94

本書の見方・使い方

この本では、複雑ながら多くの人にとって身近な「実家の不動産相続」についての知識を、わかりやすくお伝えします。

基本的には右ページが文章、左ページが図解という形で、ビジュアルを交えて理解が進むようにつくりました。まずは項目ごとのタイトルと、その下の「POINT」をお読みいただければ、その項目の概要がつかめます。その上で、本文と図解をご覧いただければ、より理解がしやすいはずです。

また、著者の現場での豊富な経験から、「不動産相続の実情」をお伝えするコラムも設けています。

読者の皆さんのスムーズな「実家の相続」のために、本書をぜひお役立てください。

図解全体の内容を
表すタイトル

「POINT」でその項目の
要点が手早くわかる

右ページ上段には章の
タイトル、項目の番号、
項目のタイトルを表示

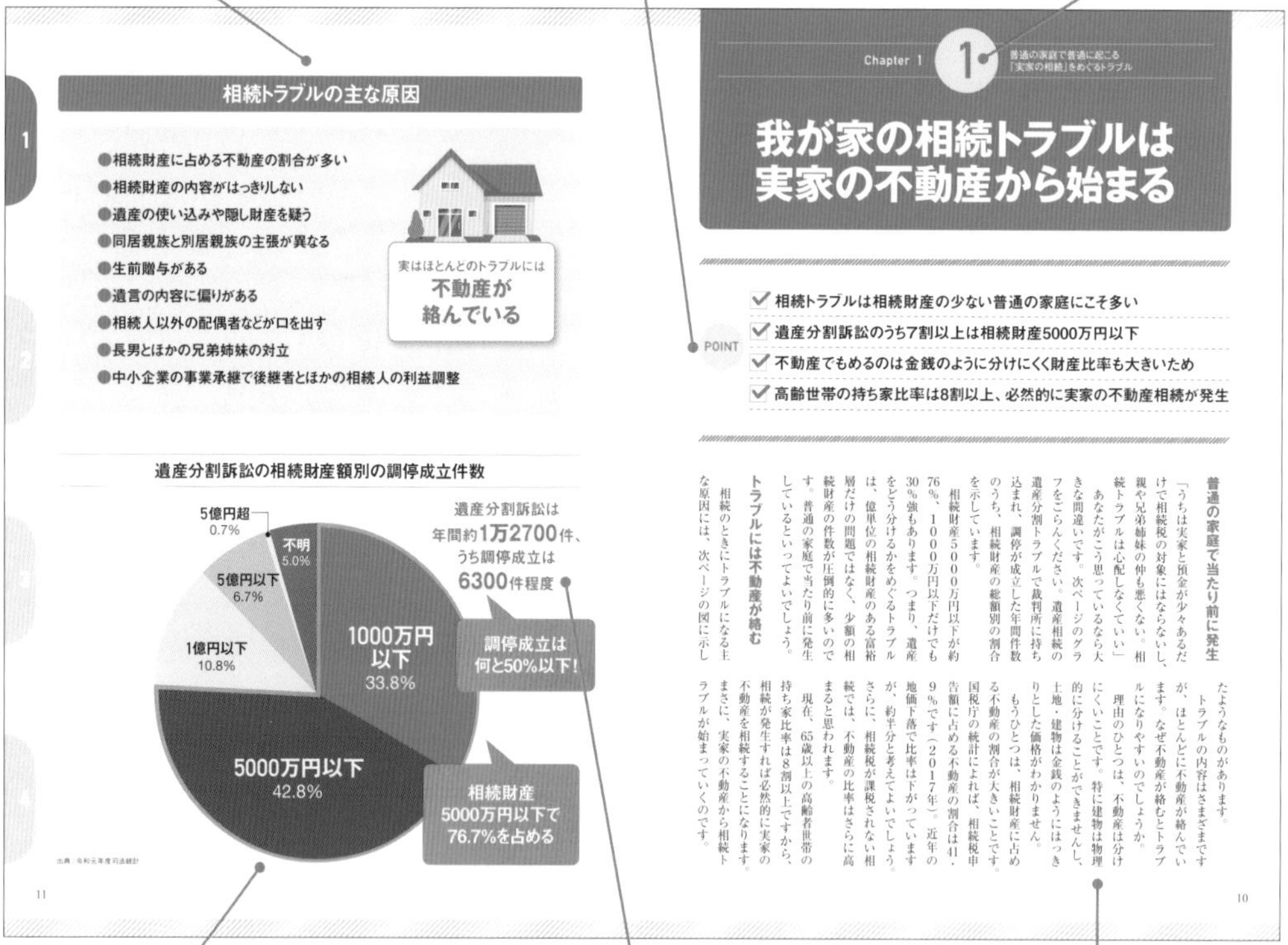

左ページは
図やグラフを使って
ビジュアルで理解

項目の見出しや
図解のキーカラーは
章ごとに色分け

右ページは
文章でわかりやすく、
できるだけ簡潔に解説

Chapter 1

普通の家庭で
普通に起こる
「実家の相続」をめぐる
トラブル

Chapter 1

普通の家庭で普通に起こる
「実家の相続」をめぐるトラブル

我が家の相続トラブルは実家の不動産から始まる

POINT

- 相続トラブルは相続財産の少ない普通の家庭にこそ多い
- 遺産分割訴訟のうち7割以上は相続財産5000万円以下
- 不動産でもめるのは金銭のように分けにくく財産比率も大きいため
- 高齢世帯の持ち家比率は8割以上、必然的に実家の不動産相続が発生

普通の家庭で当たり前に発生

「うちは実家と預金が少々あるだけで相続税の対象にはならないし、親や兄弟姉妹の仲も悪くない。相続トラブルは心配しなくていい」

あなたがこう思っているなら大きな間違いです。次ページのグラフをごらんください。遺産相続の遺産分割トラブルで裁判所に持ち込まれ、調停が成立した年間件数のうち、相続財産の総額別の割合を示しています。

相続財産５０００万円以下が約76%、１０００万円以下だけでも30%強もあります。つまり、遺産をどう分けるかをめぐるトラブルは、億単位の相続財産のある富裕層だけの問題ではなく、少額の相続財産の件数が圧倒的に多いのです。普通の家庭で当たり前に発生しているといってよいでしょう。

トラブルには不動産が絡む

相続のときにトラブルになる主な原因には、次ページの図に示したようなものがあります。

トラブルの内容はさまざまですが、ほとんどに不動産が絡んでいます。なぜ不動産が絡むとトラブルになりやすいのでしょうか。

理由のひとつは、不動産は分けにくいことです。特に建物は物理的に分けることができませんし、土地・建物は金銭のようにはっきりとした価格がわかりません。

もうひとつは、相続財産に占める不動産の割合が大きいことです。国税庁の統計によれば、相続税申告額に占める不動産の割合は41・9%です（２０１７年）。近年の地価下落で比率は下がっていますが、約半分と考えてよいでしょう。さらに、相続税が課税されない相続では、不動産の比率はさらに高まると思われます。

現在、65歳以上の高齢者世帯の持ち家比率は8割以上ですから、相続が発生すれば必然的に実家の不動産を相続することになります。まさに、実家の不動産から相続トラブルが始まっていくのです。

相続トラブルの主な原因

- 相続財産に占める不動産の割合が多い
- 相続財産の内容がはっきりしない
- 遺産の使い込みや隠し財産を疑う
- 同居親族と別居親族の主張が異なる
- 生前贈与がある
- 遺言の内容に偏りがある
- 相続人以外の配偶者などが口を出す
- 長男とほかの兄弟姉妹の対立
- 中小企業の事業承継で後継者とほかの相続人の利益調整

実はほとんどのトラブルには
**不動産が
絡んでいる**

遺産分割訴訟の相続財産額別の調停成立件数

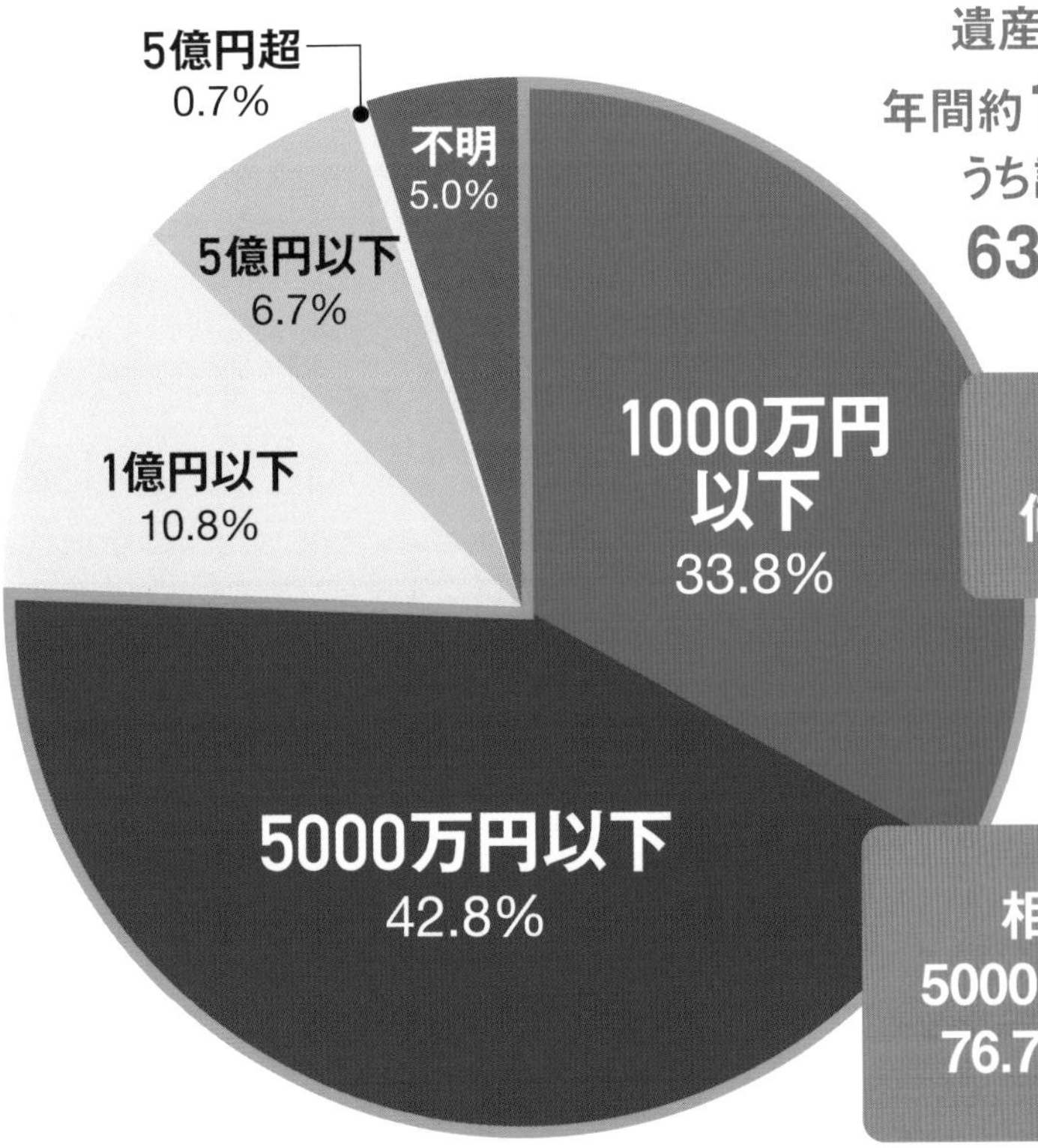
5億円超
0.7%
不明
5.0%
5億円以下
6.7%
1億円以下
10.8%
1000万円以下
33.8%
5000万円以下
42.8%

遺産分割訴訟は
年間約**1万2700**件、
うち調停成立は
6300件程度

調停成立は
何と50%以下！

相続財産
5000万円以下で
76.7%を占める

出典：令和元年度司法統計

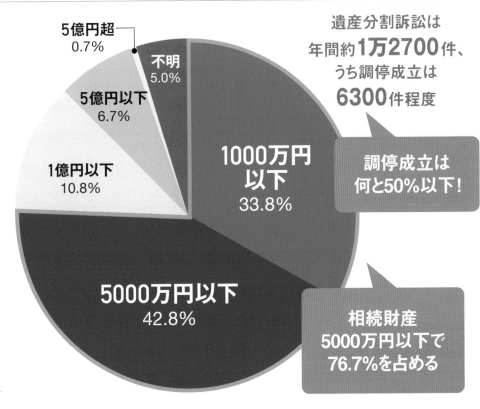

実家の相続不動産には共有名義問題が発生する

POINT

- ✔ 相続財産（遺産）はいったん相続人全員の共有名義財産となる
- ✔ 相続人への配分（取り分）は遺産分割協議を経て決まる
- ✔ 不動産（土地・建物）はとりあえず共有名義で放置されやすい
- ✔ 共有名義のままだと時間がたつにつれ相続人間の不満がたまっていく

相続財産は相続人の共有名義

相続が発生した時点では、相続財産はいったん相続人全員の共有名義（共有財産）になります。

法定相続分の「配偶者が2分の1、子が残り2分の1を人数割りする」といった配分はあくまで基本的な権利をいっているだけです。相続人の話し合いで合意すれば、どのような配分でもかまいません。合意（遺産分割協議）によって決定した財産を自分の名義にする手続きを経て、初めて相続財産の共有名義が解消されるのです。

このように、相続財産を相続人が自分の財産にするには、「共有名義の解消」という手続きが必ず発生します。

共有名義は放置されやすい

預貯金や株など金銭の相続財産は比較的分けやすいので、共有名義の問題はあまり発生しません。

しかし、実家の土地や建物などの不動産は、共有名義のまま放置されやすい面があります。前述のように、不動産は分けにくいうえ、価格もはっきりしないからです。

詳しくは第2章で説明しますが、実家の土地・建物については相続人の間で合意が取りにくく、「とりあえず共有のままにしておこう」と安易に先送りしてしまいがちになります。

特に、実家に相続人である兄弟姉妹の誰かが住んでいると、先送りでいったん話を中断させてしまうことが多くなります。

ところが、時間がたつと土地・建物の処分方法や受けている恩恵の不公平感などから、もめ事に発展していきます。

さらに、共有名義の怖いところは、放置したまま世代が交代していくと共有者が際限なく増えていき、収拾がつかなくなることです。

実家の相続トラブルを避けるには、実家の土地や家の共有名義を早いうちにしっかり処理することが重要なポイントとなります。

相続不動産の共有名義がトラブル化するプロセスの例

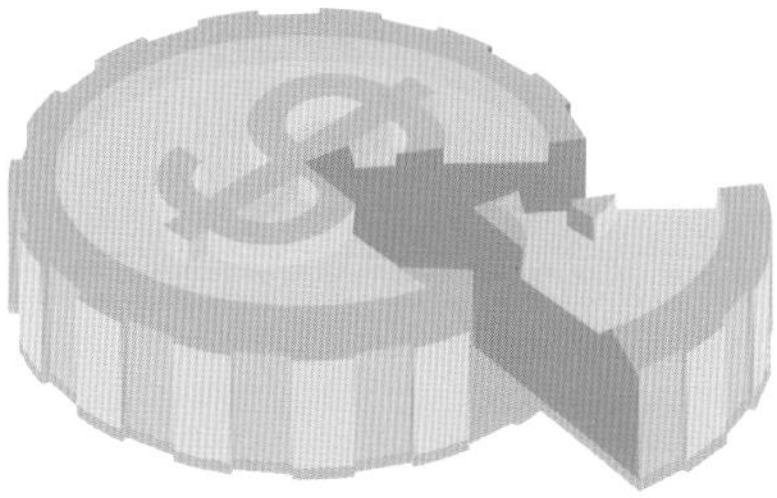

父死亡

↓ 実家の土地・建物は母が相続
（母名義に変更）

母死亡

↓ 相続財産
（母の遺産）

財産の種類	財産額
土地・建物（実家の不動産）	6000万円（評価額）
預貯金	3000万円
合計	9000万円

共有名義

相続人

長男　母と実家に同居
長女　別居
次男　別居

遺産分割協議

- **預貯金は1000万円ずつ配分（分けやすい）**
- **土地・建物は長男が住み続けるのでとりあえず共有名義のまま**

→ **時間がたつとトラブル化**　長男だけが利益を得ている、将来の約束（いずれは売却、長男が全部買い取るなど）が守られない、相続人の死亡により相続人（共有者）が孫の代になって複雑化する　など

相続に不動産が絡むと感情的な溝を生みやすい

POINT

- ☑ 相続不動産は相続人の間で恩恵がアンバランスになりやすく溝を生む
- ☑ 長男と他の兄弟姉妹という立場の違いも意識のずれにつながる
- ☑ 戦後になっても長男が家を守る“家”中心の意識は続いてきた
- ☑ 長男が頭ごなしに家長意識を振りかざすと感情的なトラブルに発展

不動産は火薬庫になりやすい

相続のもめ事では、単なる損得勘定だけでなく、親族特有の感情が絡んできます。

特に、不動産は分けにくいので、親族間に不公平感を生みやすくなります。誰かが住んでいると他の親族は何の恩恵も受けないということも起こりがちです。

また、相続後、空き家になる場合でも、売却か賃貸による活用か、売却にしても売却価格や時期など意見の食い違いが起こります。

このように、親族間の相続トラブルでは、不動産が絡んで感情的な溝を生みやすいのです。

立場の違いももめる要因

親と同居した者と他の者といった立場の違いも、感情的なトラブルを生む要因になります。特に、長男が親と同居している場合は意識のずれが生じやすくなります。

我が国では長い間、長男がいわゆる家督を継いで家を守っていくという相続が行われてきました。

そのため、親と同居している長男には、「自分が家を背負っている」という意識の強い人が今でもたくさんいます。

例えば、次ページの事例のように、親の面倒をみた長男は「家長」としての長男の立場で考えます。「家をもらうのは当然で、長女や次男に家の負担はかけないし、預金もいくらかは分け与える」というものです。

一方、長女や次男は、個々人の立場や事情で考えます。自分たちの権利や貢献度に加え、長男が得た親からの支援などの恩恵も意識します。

ここで、家長意識の強い長男が、不動産が絡む「自分に有利でアンバランスな遺産の分配」を頭ごなしに提案すると、他の兄弟姉妹と感情のもつれが起こります。

それでも、親が存命のうちは表面化しませんが、相続をきっかけに一気に個々人の主張が噴き出てくることが多いのです。

相続不動産が引き起こす親族間の感情的な溝

妻とともに親の面倒を
ずっとみてきたんだから
家をもらうのは当然だろう
固定資産税も払って、
家の修繕もしているし、
妹や弟に負担を
求めるつもりはないし
実家
長男
実家に親と同居し、
親の面倒を最後までみた
感情的な溝
私だってお母さんの病院に
付き添って看病したのに
子供が医学部に進学したから
お金がかかるのに
長女
兄貴は実家住まいだけど
俺は住宅ローンがあるんだ
親の年金でずいぶん
生活費が助かっていたくせに
次男

実家の評価額や分け方はいろいろあるから難しい

POINT

- ✓ 不動産の価格はわからない（正確な評価額は特定できない）
- ✓ 不動産の評価は、一般的には目的に応じて4つの評価額が使われる
- ✓ どの評価方法でも、平等・公平な実家の評価額の算出は困難
- ✓ 法定相続割合で実家不動産を分けても平等・公平にはならない

不動産の4つの評価額

不動産を平等・公平に分けるにしても、まずは不動産の評価額を知る必要があります。「この家には、いったいいくらの価値があるのか」ということです。

一般的に評価額の目安として使われるものは、①実勢価格（時価）、②地価公示価格（取引価格の指標）、③路線価（相続税評価の指標）、④固定資産税評価額（固定資産税評価の指標）の4つです。

地価公示価格は、土地の適正価格を知る公的な目安であり、民間の土地取引価格の指標として使われています。同じ目的で公表される基準地価格は、調査時点と公表時期が半年ずれているので、土地価格の変動をみるために補完的に使われています。ただ、調査地点は必ずしも同じではありません。

これら4つの評価方法は、同じ不動産でも目的によって見方が異なり、どれが絶対ということはありません。しかし、相続として分け合う場合には、どの評価方法でも不動産を取得する人としない人で不公平感が生じます。このように、評価額を決める尺度がいくつもあるため、不動産を平等・公平に分けるのは難しいのです。

不動産の分け方はいろいろ

不動産の分け方自体も方法がいくつもあります。いろいろな事情が絡んできますから、法定相続割合で分ければ公平というものでもありません。

例えば、相続人3人（長男・長女・次男）で土地と建物を単純に3等分した場合、土地の上に建物がかかっていると土地だけで活用できません。実家の家屋（建物）はそもそも物理的に分けることができません。また、土地を道路側から単純に3等分すると道路側のほうが価値は高くなります。

このように、家屋は住む人が全部取得したり、土地は比率や取得場所を調整するなどしなければ、全員の納得は得られません。

目安となる土地の4つの評価額

実際の土地取引の価格（時価）
※通常、不動産業者が無料で査定してくれる。業者により大きく異なることがある

→ **①実勢価格（取引価格）**

ほぼ同じ

民間の土地取引価格の指標
❶地価公示価格（標準地価格）
国土交通省が毎年1月1日現在の価格を3月に公表（調査地点約2万6000カ所）
❷基準地価格
都道府県が毎年7月1日現在の価格を9月に公表（調査地点約2万カ所強）

→ **②地価公示価格（標準地価格）**
※基準地価格（地価公示価格を補完）

地価公示価格の約8割

相続税・贈与税の評価基準
※国税庁が毎年1月1日現在で評価した価格を7月1日に公表

→ **③路線価（相続税評価額）**

地価公示価格の約7割

固定資産税などの税額計算の基準額
※土地や建物など固定資産に対して固定資産評価基準に基づいて算出。3年ごとに評価替え

→ **④固定資産税評価額**

不動産の分け方と問題点

（例）相続人3人（長男・長女・次男）が3等分する

家屋は住む人が全部取得しないと活用しにくい

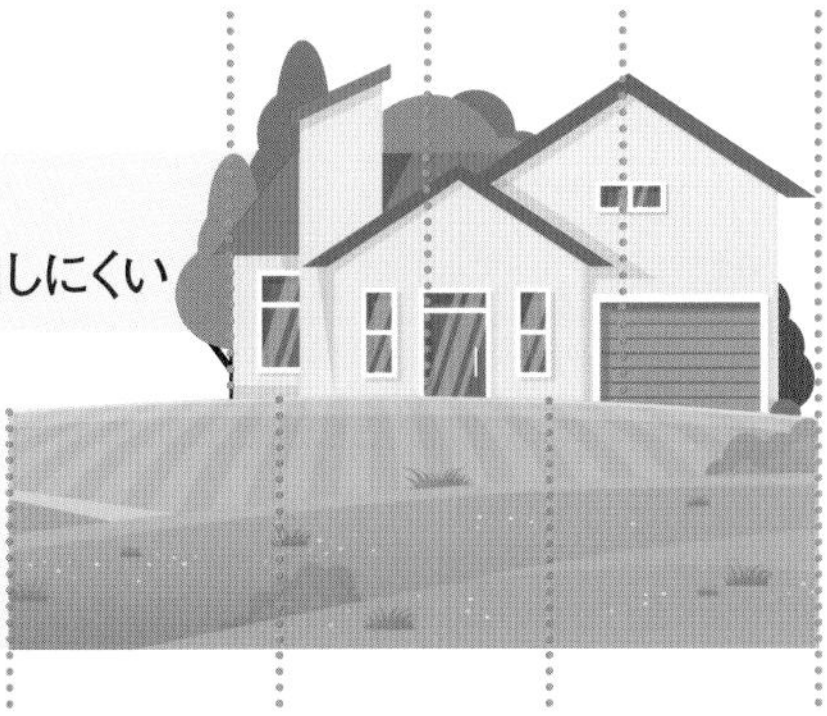

建物がかかっていると土地の活用ができない

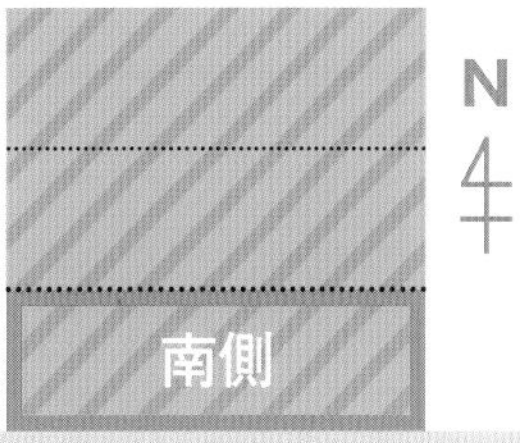

道路に面した南側の土地は価値が高い

損得より感情のもつれがトラブルの引き金となる

POINT

- ✔ 家族円満、遺産の大小に関係なくほとんどの相続でトラブルは起きる
- ✔ 時として損得より優先する「身内独特の感情」がもめる引き金となる
- ✔ 相続をきっかけに円満な兄弟姉妹が絶縁状態になることも多い
- ✔ 核家族化や不況などの時代背景も相続トラブルの原因となっている

相続あればトラブルあり

極端にいえば、トラブルのまったくない相続はありません。実際、相続を経験した人で不満がまったくないというのは、ほとんど聞いたことがないでしょう。

我が国の死亡者の数は、年間約１３０万人で、家庭裁判所への調停申し立て件数は約１万３０００件です。裁判所まで持ち込まれる件数は死亡者数の約１％ですが、そこまでいかない相続のトラブルが水面下で生じていることは容易に想像できます。

相続で壊れる親族の人間関係

相続では、少しのもめ事でも親族間の人間関係を壊すきっかけになります。

相続以外のもめ事なら、一時的に不仲になっても関係を修復し、後に尾を引かないこともあります。親がいるうちは親の仲立ちで兄弟姉妹間の関係が保たれることもあるでしょう。

しかし、相続で不満を持つと、最終的に縁を切るところまでいってしまうことも珍しくありません。相続トラブルは遺産の大小に関係なく起きています。

少ない遺産でももめてしまうのは、「身内同士の感情のもつれ」が根底にあるからです。時として損得を度外視しても譲らないというのは身内独特の感情です。

逆にいえば、相続こそ、こうした感情のもつれが起きやすいのです。ちょっとした不満でもトラブルの引き金となり、「あんなに仲が良かった兄弟姉妹」が修復不能な関係にまで壊れていくのです。

身内を疎遠にさせる時代背景も親族間トラブルの要因のひとつです。核家族化で兄弟姉妹間の交流が薄くなったことや、権利意識の高まりなどで、相続での自分の恩恵に敏感になっています。

また、不況が常態化して経済的に苦しくなり、遺産を収入源としてあてにするようになったことも、もめる一因となってきました。

相続には損得だけでない身内独特の感情のもつれが発生

事例

- 父の死後、実家に長男夫妻と同居していた母が死亡
- 相続人は長男(兄)と長女(妹)の2人で、長女は結婚して遠方の持ち家に住む
- 遺産は実家の土地・建物(3000万円)と預貯金(2000万円)
- 母の介護は主に長男の妻がみたが、母が入院してからは長女も頻繁に病院の付き添いを行った

母死亡(相続発生)時

長女は、長男夫妻が両親の面倒をよくみて、母の介護をしてくれたことにも感謝していた。自分は家もあり特に経済的に困っているわけでもないので、遺産はもらわなくてもいいくらいに思っていた

遺産分割協議時

長男が母親の介護などに対する自分と妻の苦労をひけらかし、頭ごなしに長女の相続分は1000万円で我慢するように要求。長女はいい気分はしなかったが、長男の「お前は昔から気楽でよかったよな」のひと言で切れた。譲るつもりだったのを考え直して、絶対に自分の取り分はもらうという気になった

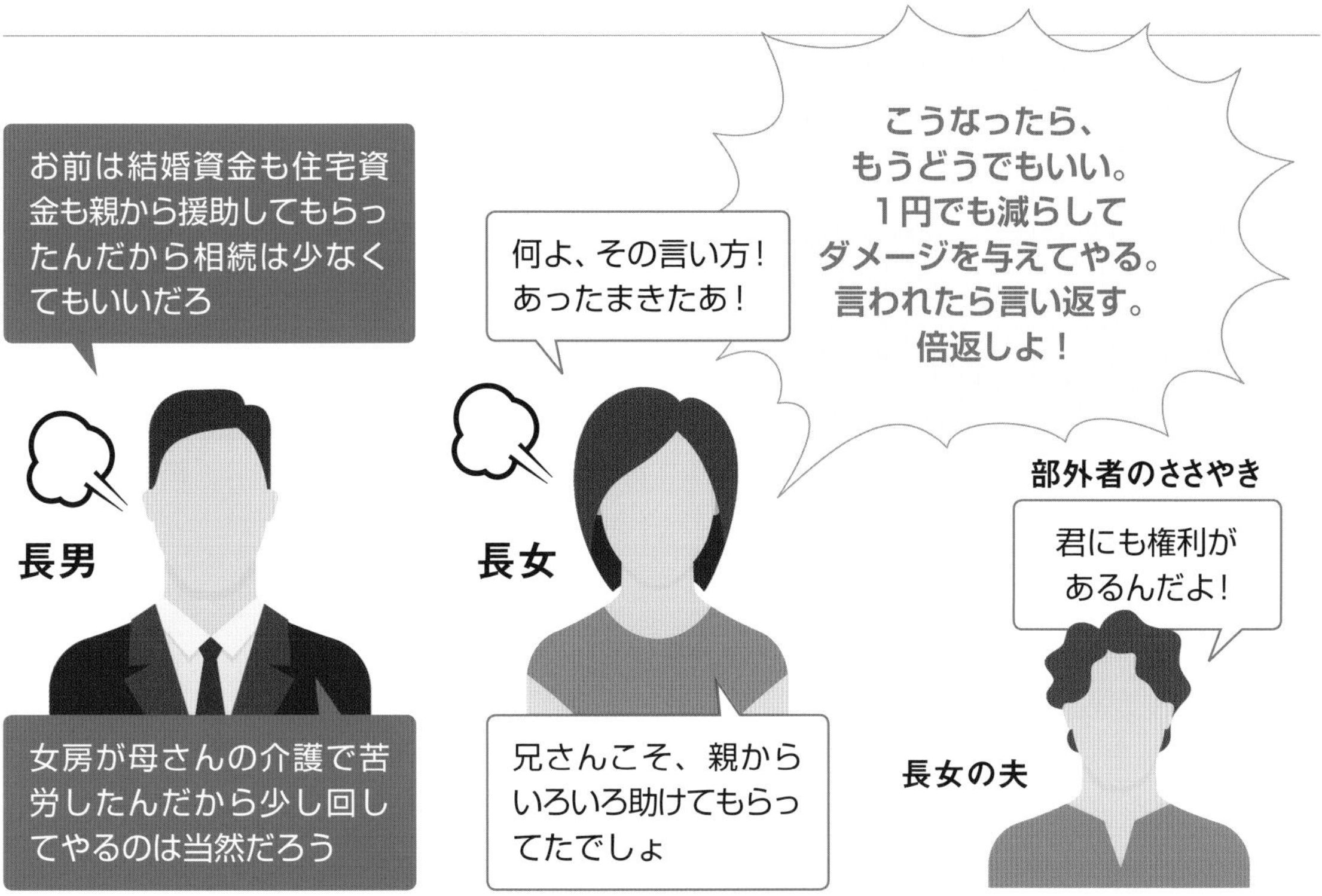
お前は結婚資金も住宅資金も親から援助してもらったんだから相続は少なくてもいいだろ
長男
女房が母さんの介護で苦労したんだから少し回してやるのは当然だろう
何よ、その言い方！あったまきたあ！
長女
兄さんこそ、親からいろいろ助けてもらってたでしょ
こうなったら、もうどうでもいい。1円でも減らしてダメージを与えてやる。言われたら言い返す。倍返しよ！
部外者のささやき
君にも権利があるんだよ！
長女の夫

家中心の相続が変化し新たなトラブルを生む

POINT

- 家業のないサラリーマンでも家中心の考え方はずっと続いてきた
- 21世紀に入ると家中心の考え方の変化が意識や行動に表れてきた
- 個の尊重と個人の権利意識が相続の考え方も変えた
- 情報化の進展により権利の根拠となる基礎知識を得やすくなった

家中心の意識が急速に変化

我が国では、戦後になって法律が変わり、家を中心とした相続の制度から相続人全員で分け合う相続の制度になりました。

しかし、家中心の考え方は簡単には変わらず、特に会社オーナーや町の鮮魚店・青果店といった家業のある人は、家業を継がせるという現実的な問題もありました。さらに、家業を持たないサラリーマンの家庭でも家を守っていくという意識は当たり前にありました。

家中心の考え方が大きく変化してきたのは21世紀に入ってきてからです。人々の意識や行動の変化がはっきりと見られるようになってきました。

個の尊重を情報化が後押し

相続の考え方の変化のベースには、個人としての個の尊重と個人の権利意識の高まりがあります。

例えば、核家族化が進んだため、結婚して独立すると自分の家族中心の生活に重きを置くようになります。親には孫の顔を見せに行くことはあっても、兄弟姉妹との交流は少なくなります。

こうした親族の身内意識が薄れてくる一方、自分や自分の家族の権利を主張することにためらいもなくなってきました。離婚率の増加や国際結婚が増え、価値観が多様化したことなども、家を守るよりも個人の権利の尊重を優先する意識の表れといえるでしょう。

こうした人々の意識変化と行動を後押ししているのが「情報化の進展」です。

以前は、一般の人が専門的な情報を入手するのは困難でした。しかし、インターネットで法的権利や相続ノウハウが手軽に得られるようになり、権利意識が強まってきました。もともと相続は家の慣習などの歴史も含めて受け継がれていくものです。しかし、財産の継承だけに関心が強くなる傾向があり、時代の変化が新しいトラブルを生んでいる面があります。

家中心の相続制度と人々の意識の変化

旧民法

明治31（1898）年7月16日～
昭和22（1947）年5月2日

家督相続制度
戸主（家長）が死亡すると原則として長男が戸主のすべての地位と財産を相続する

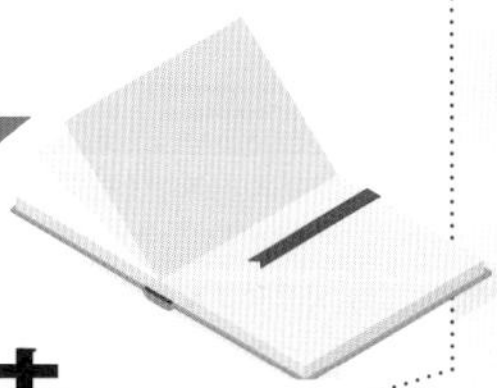

新民法

昭和22（1947）年5月3日以降

- 家督相続が廃止され、長子単独相続から兄弟姉妹が均等に財産相続する制度へ移行
- 配偶者の相続権の確立（配偶者は常に相続人になる）

人々の意識や社会の変化

法制度が変わっても人々の家中心の考え方は続いてきた

- 家業を継がせる必要（同族経営の会社、鮮魚店や青果店などの商店）
- サラリーマン家庭でも家系を引き継いで墓を守るという意識
- 特に地方では親戚付き合いが日常的にあり身内同士の感覚が維持されてきた

21世紀に入ると急速に変化が顕在化

- 核家族化の進展と都市近郊に家を持つことで家族中心の生活を重視
- 田舎の実家との交流が減り、特に兄弟姉妹との付き合いが薄くなる
- 身内意識が薄れる一方で、自分や自分の家族の権利意識が強まる
- 離婚や再婚にためらいがなくなり、国際結婚も増えて価値観が多様化
- 情報化が進み、インターネットで手軽に専門的な情報が得られるようになり、相続の基本情報やノウハウも手に入れやすくなった
- 情報武装と権利意識の高まりで、相続でも自分の権利をはっきり主張
- 長引く不況で各人の経済状況が厳しくなり、相続財産をあてにするようになった

Chapter 1 **7** 普通の家庭で普通に起こる「実家の相続」をめぐるトラブル

不動産は空き家になると相続を避けたい“負動産”に

POINT

- ✓ 土地神話があった1980年代までは持ち家はありがたい資産だった
- ✓ 今や不動産は税金や管理の費用・手間がかかる“負動産”となった
- ✓ 都市近郊で家を建てた子供は親が亡くなっても実家には戻らない
- ✓ 一戸建ての空き家の半分以上は相続で取得した実家

「持ち家＝資産」ではない!?

バブル経済全盛の１９８０年代までは、土地は持っているだけで値上がりしていく優良資産でした。持ち家を相続することは現金を相続するよりありがたかったのです。

しかし、今は持っているだけで管理の手間や費用がかかる〝負動産〟になってしまいました。立地のよい都市圏の一部を除いて、今後も長期的に値上がりは見込めない状況です。

それでも、相続した実家に住むのであれば活用ができます。問題は、相続したものの誰も住む予定のない空き家がどんどん増えていることです。

住んでいなくても固定資産税はかかります。また、管理が適切でないと建物は劣化が早まりますし、庭もあっという間に雑草で埋め尽くされます。

そのため、相続人がいても誰も相続したがらず、放置されることになります。みんなあえてババを引きたくはないからです。そのまま相続登記が行われずに何代も放置状態が続くと、やがて所有者さえわからなくなっていきます。

空き家の半分は相続で取得

我が国では現在、所有者不明の土地が約2割を占め、約４１０万ha（２０１６年調査）に及びます。これは、九州（約３６７万ha）を大きく超える面積です。空き家も全住宅の13・６％の約８４６万戸（２０１８年調査）で、所有者不明の空き家も増えています。また、一戸建ての空き家は相続で取得したケースが54・６％（２０１９年調査）と半数を超えています。

相続した実家が空き家になる原因のひとつは、核家族化と雇用の都市集中です。高度成長期に田舎から若者が都市に出て就職し、結婚して都市近郊に家を建てました。親が亡くなっても自分の家を持っている子供たちは田舎に帰らず、売るに売れない実家は空き家になっていくという構図があります。

相続した実家が空き家になる理由

●田舎の実家から出て都市で働き、都市近郊に自分の家を建てた子供は親が亡くなっても実家に戻る必要がない

↓

●都市部の一部を除き、実家の土地・建物は資産価値がなくなってきた

↓

●資産価値のない実家不動産でも固定資産税や管理など費用と手間がかかる

↓

●資産価値のない地方の実家は売りたくても売れない

↓

●相続登記しなくても困ることはないので共有名義のまま放置される

＊売却したり住宅ローンを組んで建物を建てるのでなければ相続登記しなくても支障がない

↓

●共有名義のまま世代を経ると相続人（共有者）が増えて処分が難しくなり、そのうち所有者もわからなくなる（＝持ち主不明の空き家になる）

空き家一戸建てを取得した経緯

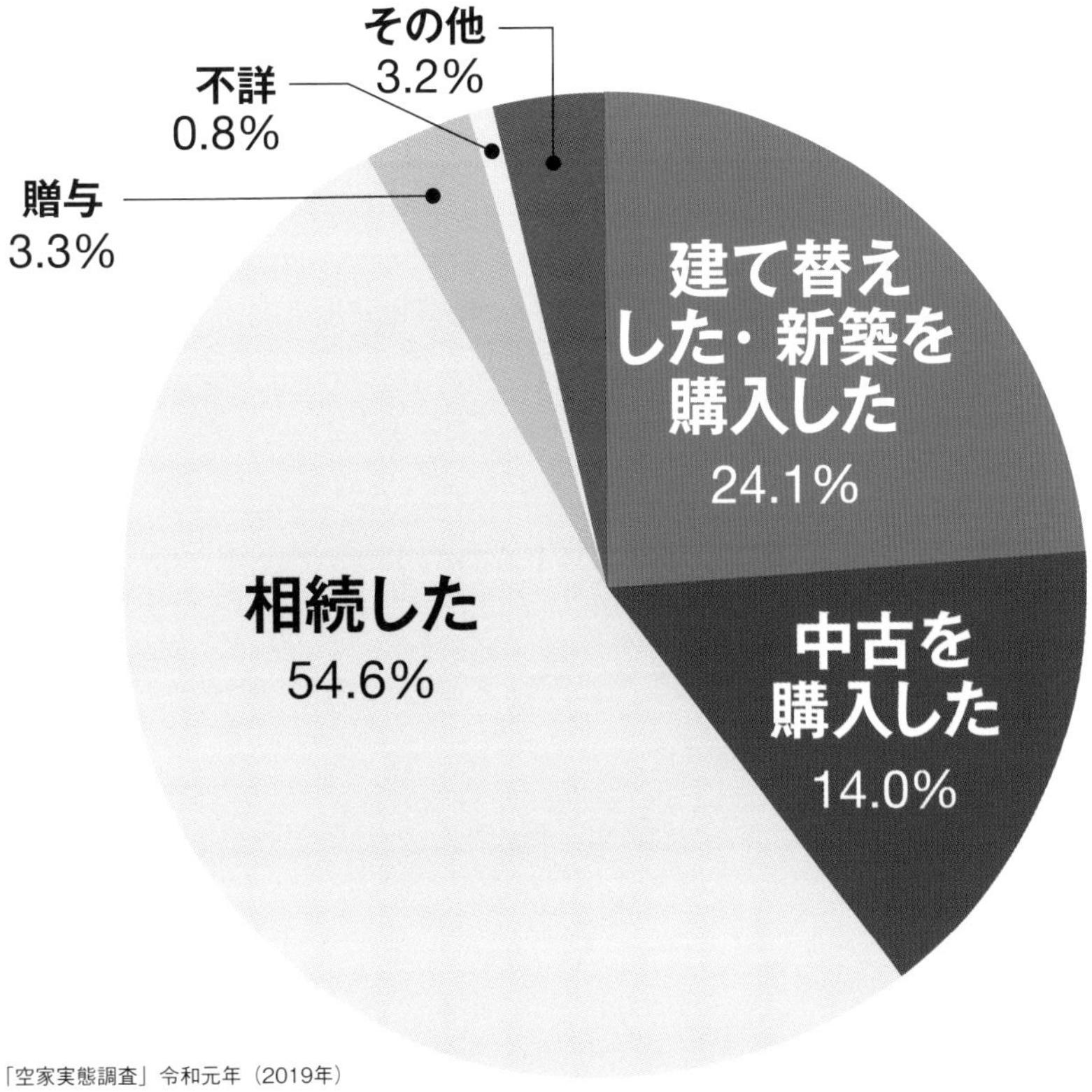
その他
3.2%
不詳
0.8%
贈与
3.3%
建て替えした・新築を購入した
24.1%
相続した
54.6%
中古を購入した
14.0%

出典：国土交通省「空家実態調査」令和元年（2019年）

共有名義や借地権が相続トラブルを増幅

POINT

- ✓ 不動産の共有名義は分けにくいためそのまま先送りされやすい
- ✓ 不動産の共有名義は時間がたつほど相続トラブルを増幅させていく
- ✓ 借地権付き建物の相続では共有名義に加えて地主との関係も生じる
- ✓ 地主への対応で相続人同士がもめる場合もあり問題を複雑化させる

処理が難しい共有名義不動産

遺産分割では、不動産が分けにくく、とりあえず共有名義のままになりがちだということは前に述べた通りです。

しかし、不動産を共有名義のままにしておくと、トラブルをどんどん増幅させて解決を困難にしていきます。共有名義不動産が絡むと次ページの図の上のような問題が起きます。

よくあるケースは、相続人の誰かが実家に住む場合に、実家に住まない相続人との利害関係をめぐるトラブルが起こることです。

例えば、親と同居していた長男が、別居している弟や妹などと対立するケースです。家を活用する恩恵を得ている長男に対して、弟や妹が自分たちの見返りを求めて持分の買い取りなどを要求してくるというものです。ここで解決がつかないまま放置すると、次の世代でさらに複雑化してしまいます。

このように、共有名義が絡むことで実家の不動産相続は思った以上に複雑になります。トラブルを嫌って先送りすると、ますます問題が増幅していき、処理が難しくなるという悪循環に陥るのも共有名義問題の特徴です。

借地権なら地主も関係する

ケースは少ないですが、実家が借地権付き建物の場合は、相続では第三者であるはずの地主との関係も生じます。相続人同士のトラブルに加えて、地主とのトラブルのリスクも生じてくるのです。

例えば、地主から土地の返還を要求された場合、どのような対応をするかで相続人同士がもめてしまうこともあります。このように借地権付き建物の場合は、本来の相続のトラブルに加えて、相続人対地主、相続人同士の借地権に関するトラブルなど、いっそう複雑になってしまいます。

借地権をめぐって地主ともめるケースで多く見られるのは、図の下段のような問題です。

相続に不動産の共有名義が絡むことで生じる問題点

相続人の誰かが
住む場合、
名義は共有名義の
ままにするのか

居住者以外の
共有者に対しては
居住者から金銭などの
支払いをするのか

居住者が
ほかの共有者から
持分を買い取る場合、
いくらで買い取るか

相続人が誰も住まずに
売却する場合、
いつ、いくらで
売却するのか

相続人全員の意見が
まとまらない場合
どうするのか

相続に借地権付き建物が絡むことで生じる問題点

地主から
土地の返還を
要求される

借地権の売却を
地主が承諾してくれない

建物の建て替えを
地主が承諾してくれない

地主から
借地権の
名義変更料を
要求される

地主が
借地権の買い取りに
応じてくれない

Chapter 1　9　普通の家庭で普通に起こる「実家の相続」をめぐるトラブル

遺言書の活用で不動産相続トラブルを回避

POINT

- 遺言書は法改正で使いやすくなり、相続対策として注目されている
- 遺言書は相続トラブルを回避する有力な手段として機能する
- 価値や権利・公平性の見えにくい不動産相続に遺言書は特に有効
- 法務局での保管なら遺言書の紛失や改ざんのリスクを避けられる

不動産相続には遺言書が有効

近年、法改正もあって、相続に備えて遺言書を書くことが注目されています。

相続トラブルはさまざまで、絶対的な解決方法はありません。ただ、一般的に遺言書を残すことは相続トラブルの有効な対策のひとつといえます。特に、不動産は価値や権利・公平性が見えにくいので、遺言書で権利関係を明確にしておくことは、トラブル回避に大きな効果が期待できます。

遺言書が活用しやすくなった

40年ぶりの相続法の改正の中でも、自筆証書遺言の使い勝手が大幅によくなったことが特筆されます。詳しくはチャプター4で改めて説明しますが、相続トラブル防止の有力な手段として遺言書が活用しやすくなりました。

遺言書に関する法改正のポイントは主に2つです。

まず、自筆証書遺言に添付する財産目録が、パソコンなどで作成できるようになったことです。本体は今まで通り本人が手書きしなければなりませんが、従来は添付書類もすべて手書きのものしか認められていませんでした。

もうひとつは、希望すれば法務局で自筆証書遺言を保管してもらえるようになったことです。従来は、自分で保管するしかなく、自宅や銀行の貸金庫などで保管されていました。

法務局で保管してもらえば、紛失、改ざん、本人以外による廃棄、盗難などのリスクを避けることができます。法務局での保管の場合は、相続時の検認（遺言書の存在を確認してもらう手続き）も不要になります。また、相続人の1人が遺言書の閲覧などをすると相続人全員に通知が行くので、遺言書の存在を隠すことができません。

遺言書は、親の意思を子などの相続人に明確に伝えることができ、分けにくい不動産の配分を納得させる重要な手段になります。

不動産相続トラブル回避に期待できる遺言書の効果

相続財産

自宅の土地・建物	5000万円
預貯金	4000万円

※遺留分各1500万円

このケースでは遺留分は確保されているが、遺言書があっても遺留分が侵害されていれば遺留分の要求はできる

遺言書

1. 自宅の土地と建物は太郎に相続させる
2. 預貯金は太郎に500万円、次郎・花子に各1750万円を相続させる
3. 狭いながらも先祖代々受け継いだ家なので、太郎には次の世代へ受け継ぐ役割を担ってほしい
4. 次郎と花子は預貯金を少し多めに配分するので、太郎の役割を理解してやってほしい
5. 3人はお互いに感謝の念を持って今後も交流を絶やさないようにしてほしい

この遺言書が目に入らぬか

法的効力ももちろんあるが、遺言書で親の気持ちと考えを理解できると、感情をぶつけ合ってもめないで済む

ははっ、仰せの通りに
太郎
今どき、家を継ぐんなら、預金も半分くらいもらってもいいよな
次郎
均等分もらうのって権利だよなあ
花子
お父さんの看護や介護に通ったことも考えてほしいわ

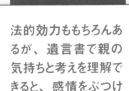

Chapter 1 10 普通の家庭で普通に起こる「実家の相続」をめぐるトラブル

円満だと思う家庭でこそ相続対策で憂いを断つ

POINT

- 円満な家庭・仲良し兄弟姉妹には意外と“心がけ”が欠けている
- 家族仲が良い家庭では親も安心して相続対策に無頓着になる
- 相続が発生するころには事情の変化や当事者以外の介入の可能性あり
- 仲が良いからこそ言い出しにくい相続の相談も進めやすい

「円満家庭なら安心」か？

遺言書など相続トラブル対策はいろいろありますが、結局は「親族同士の感情のもつれ」が原因の根本にあります。そのため、テクニカルな対策ももちろん必要ですが、親族間のコミュニケーションや思いやりといった〝心がけ〟こそが最も大切なことだと言えます。円満な家庭には意外とこれが欠けています。

家庭裁判所で争うのは、もともとは仲が悪くなかった兄弟姉妹が多いという現実があります。しかも、財産の少ないケースでも普通にトラブルが発生しています。相続をきっかけにして身内同士の感情のぶつかり合いが表面化した結果として争いが起こるのです。

家族仲が良いと親も安心して相続対策に無頓着になりがちですが、「うちは安心！」ではありません。

仲が良いからこそ準備をする

いくら仲が良い家族でも、相続が発生するころにはどんな事情の変化が起きているかわかりません。当事者でない相続人の配偶者が口を出してきてもめるのも、よくあるケースです。

ですから、どんな円満な家族でも「備えあれば憂いなし」という考え方で、準備をきちんとしておくことが大切です。むしろ円満だからこそ準備をきちんとしておくべきです。

準備の基本は、よく話し合って全員の納得を得ておくことと、遺言書を親に残してもらうことです。相続の相談や遺言書の依頼のような「言い出しにくいこと」も仲が良いときこそ進めやすいでしょう。

私のところに来る相談者でも、昔はあんなに仲が良かった兄弟姉妹なのに、親の相続をきっかけにいがみ合うようになったと後悔を口にする人がたくさんいます。親が天国で泣かないためにも、仲が良い家族だからこそ、思い出がきれいなうちに相続もきちんと話し合って準備しておくべきです。

円満家庭に潜む相続トラブルのリスク

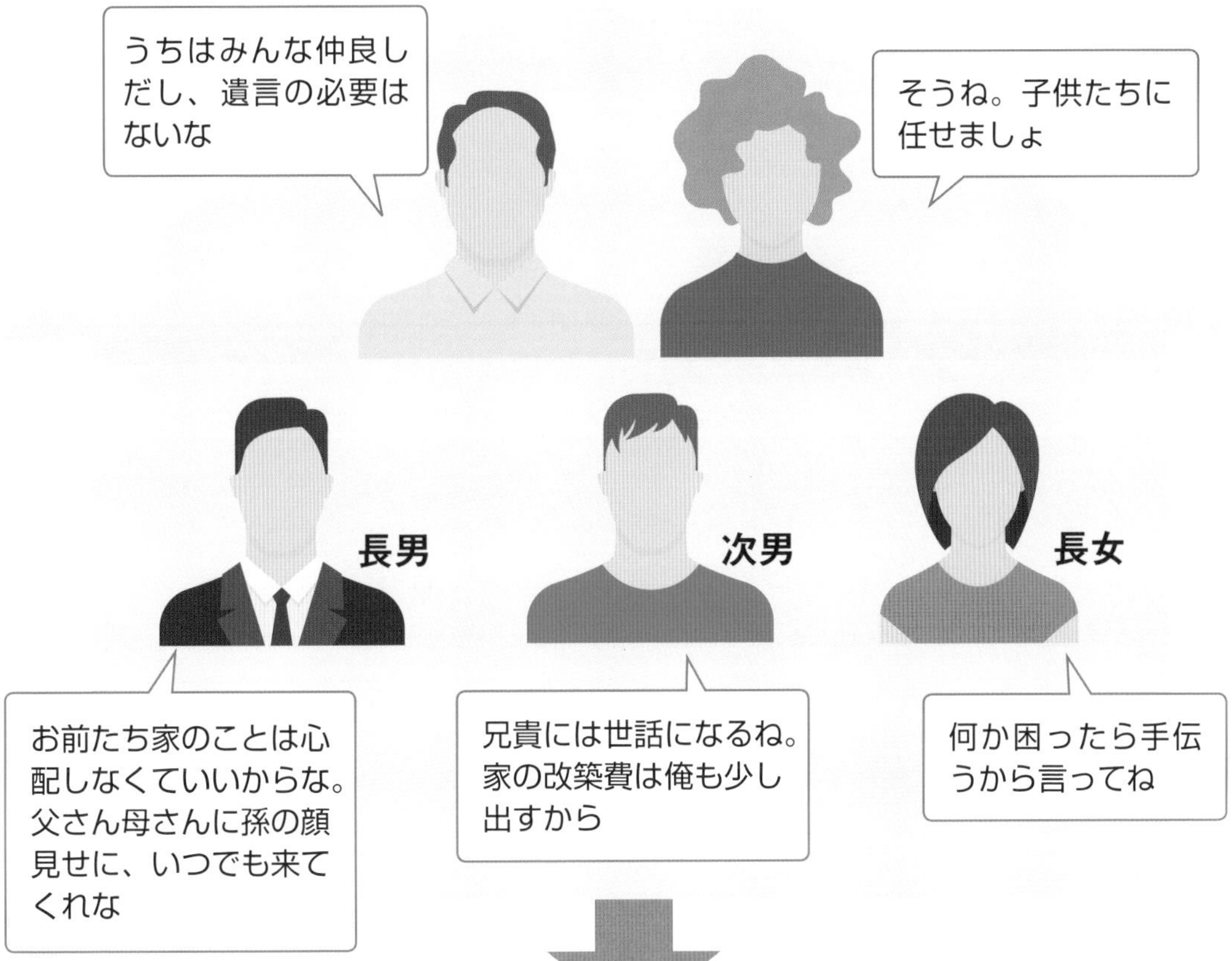
うちはみんな仲良しだし、遺言の必要はないな
そうね。子供たちに任せましょ
長男
次男
長女
お前たち家のことは心配しなくていいからな。父さん母さんに孫の顔見せに、いつでも来てくれな
兄貴には世話になるね。家の改築費は俺も少し出すから
何か困ったら手伝うから言ってね

時がたって相続が発生するころには事情が変わる

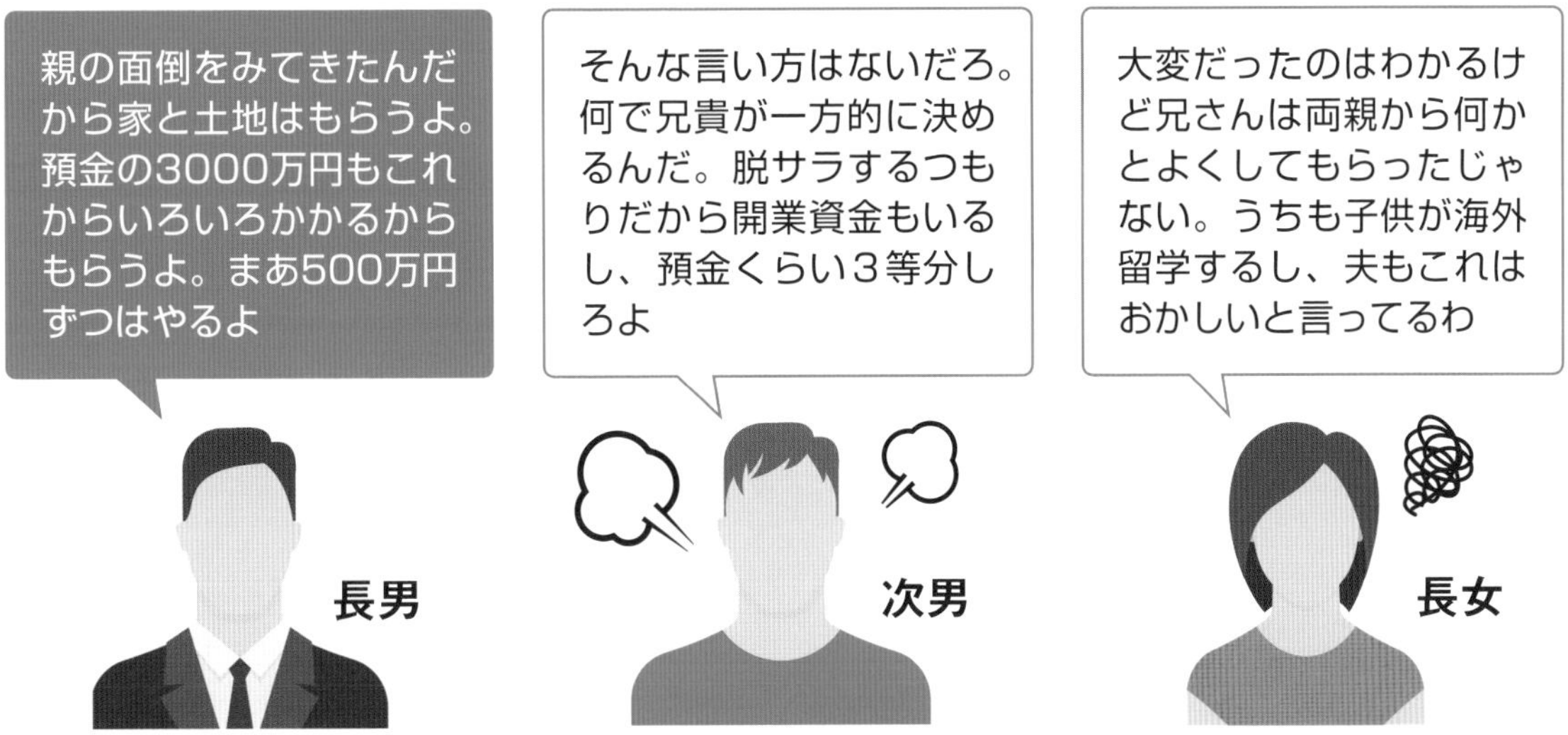
親の面倒をみてきたんだから家と土地はもらうよ。預金の3000万円もこれからいろいろかかるからもらうよ。まあ500万円ずつはやるよ
そんな言い方はないだろ。何で兄貴が一方的に決めるんだ。脱サラするつもりだから開業資金もいるし、預金くらい3等分しろよ
大変だったのはわかるけど兄さんは両親から何かとよくしてもらったじゃない。うちも子供が海外留学するし、夫もこれはおかしいと言ってるわ
長男
次男
長女

相続の手続きでは期限のあるものに注意する

POINT

- ✓ 手続きの期限切れは相続内容に影響してトラブルになることも
- ✓ 相続放棄と限定承認は3カ月以内に手続きをしないと単純承認になる
- ✓ 確定申告していた死亡者の準確定申告は4カ月以内
- ✓ 配偶者特別控除と小規模宅地等の特例は相続税がなくても申告が必要

相続放棄は3カ月以内に

相続の手続きのうち、期限があるものは、期限内に手続きを済ませないと原則として利用できなくなります。場合によってはトラブルの原因となりますので注意しましょう。

主なものとしては、まず相続放棄と限定承認で、3カ月以内に手続きをしないとできなくなり、単純承認（通常の相続）したとみなされてしまいます。確定申告をしていた人が死亡した場合は、4カ月後に準確定申告の期限が来ます。

さらに、相続税の申告と納税は10カ月以内にしなければなりません。期限を過ぎると延滞税などが加算されます。

申告しないと使えない控除

相続税の申告は、相続税が発生する人だけが申告するのではありません。相続税が発生しなくても、申告しないと使えない控除があります。重要なのは、配偶者特別控除と小規模宅地等の特例です。

「相続の配偶者特別控除」とは、配偶者が相続する財産には、1億6000万円まで控除が適用される（課税されない）制度です。つまり、父が亡くなって母（妻）と子が相続人となった場合、一般的な財産規模の相続であれば、母の相続分を非課税にすることができるのです。

「小規模宅地等の特例」とは、自宅の土地などの相続税評価額を80％減額できる制度です。死亡した人と自宅で同居していた親族がそのまま住み続ける場合や、賃貸住宅に住んでいる別居親族が相続した場合に使うことができます。

どちらも控除額が大きいので、控除を使うことによって相続税を非課税にできる場合があります。しかし、配偶者特別控除や小規模宅地の特例は、相続税の申告をしないと使えません。相続税がかからないからと思って、相続税の申告をせずに10カ月を過ぎると、控除が使えなくなってしまいます。

期限のある主な相続関係の手続き

※「死亡後」とは、相続開始（死亡）を知った日の翌日からの意味。例えば、離婚で疎遠だった先妻の子が死亡事実を知らなかった場合、連絡を受けた日から起算する

相続放棄と限定承認

期限 死亡後3カ月

「**相続放棄**」はすべての相続を放棄する
「**限定承認**」は、死亡者の相続財産の範囲内で借金を返済する相続（借金が相続財産より多い場合は相続財産を超える分は返済しなくてよい）

手続きをしないと……

期限を過ぎると**単純承認**（すべてを相続する通常の相続）とみなされる

相続税の申告・納税

期限 申告・納税とも死亡後10カ月

- 原則として金銭による一括納付
- 相続財産確認や戸籍謄本などの書類をそろえる作業が必要（意外と手間がかかる）
- 遺産分割協議を済ませておく
（遺産分割協議が間に合わない場合は、法定相続割合でいったん納税する一時的な救済策もある）

手続きをしないと……

申告しないで期限を過ぎると**無申告加算税**、申告していても納税していないと**延滞税**が加算される。また、相続税軽減の控除や特例で使えなくなるものがある（配偶者特別控除や小規模宅地等の特例など）

配偶者特別控除と小規模宅地等の特例

期限 死亡後10カ月

〔配偶者特別控除〕
- 配偶者は1億6000万円までは相続財産から控除できる（非課税にできる）
※1億6000万円を超える場合は法定相続分まで

〔小規模宅地等の特例〕
- 自宅の土地（330㎡以下）などの相続税評価額を80%減額できる（土地のみで建物は含まない）
- 死亡者の配偶者または同居親族か別居で賃貸居住の親族（いわゆる「家なき子」）に適用
※持ち家のある親族には適用されない

手続きをしないと……

申告しないで期限を過ぎると原則として**控除**が使えなくなる

※申告書類は相続税申告書に添付するので、控除後に結果として相続税がかからなくなる場合でも相続税申告が必要

コラム

公平に等分な分配をすると公平でなくなる

遺産を公平に等分な分け方をすることこそ“争続”を避ける手続きだ、とよく言われます。しかし、実態はどうでしょうか。実は等分に分けることこそもめる原因となっています。例えば、こんなケースで考えてみましょう。

85歳で亡くなった父親に続き、５年後に90歳で母親が亡くなりました。

相続人は長男（65歳・既婚）、長女（63歳・既婚）、次男（59歳・離婚歴あり、学生の子2人）、三男（57歳独身）の４人です。遺産は8000万円（実家不動産5000万円、預貯金3000万円）で、遺言書はありません。三男は親と同居している中小企業の会社員で、収入はそれほど多くありません。親が介護状態になってからは、三男を中心に他の兄弟姉妹も協力して支え合いました。しかし、相続時に誰かが遺産は公平に2000万円ずつ４等分で分けようと提案しても、もめるだろうということは容易に想像できます。

それぞれに違う事情がある

子はそれぞれ違う事情を抱えています。特に、親と同居していた子と他の兄弟姉妹は基本的な立場が異なります。こと相続に関しては、同居していた子に対して、他の兄弟姉妹はいい印象は持ちません。「家賃も払わず、親のすねをかじって、何も生活の苦労をしていない」などと考えるからです。

一方、同居した者は「親の面倒を押し付けられて苦労したんだから、少なくとも家は自分がもらっていい」と当然のごとく思います。等分に分けると他の相続人に実家の差額を払う経済力がないので、家を売って住まいをなくすことになります。

これに対して、他の兄弟姉妹は自分の事情でそれぞれ主張します。長男は経済的に余裕があっても、さまざまな側面援助をしたから自分の取り分がなくなるのは承服できないと感じます。長女は、女ということで何かと実家に通って家事や介護を手伝い、負担が多かったという思いがあります。次男は、金のかかる子供を抱えているので少しでも多くの遺産を期待しています。

ここでは、「同居した親の面倒をみてくれた人には、とりあえず感謝する」という「入り口」に立ち返ることが大切です。お互いを思いやる気持ちが湧けば、単純な等分割りも主張しなくなります。「心がけの６カ条」（p.85）が本当の意味での公平な分け方へと導いてくれるでしょう。

Chapter 2

実家の「共有名義」をうまく処理できれば相続トラブルはほぼ解決

実家の不動産相続に必ずついてくる共有名義問題

POINT

- 実家の土地・建物は相続した瞬間にいったん共有名義になる
- 不動産が共有名義となるきっかけの9割は相続によるもの
- 相続登記は義務ではないが登記しなくても共有名義になる
- 共有名義を放置しておくと時間がたつほどトラブルに発展していく

登記しなくても共有名義に

　相続でいう不動産の共有名義は、相続した実家の不動産を兄弟姉妹の共有のものとして名義登録（登記）するという意味ではありません。業界では「共有持分」と呼んでいますが、要するに各相続人に自分の持分（権利を持つ割合）がある共有不動産を指します。

　相続の発生と同時に、故人の財産は法定相続人全員の共有財産になります。実家の土地や建物も相続人全員が持分を持つ共有財産となりますが、登記をしなければ持分は確定しません。法律上は登記の義務はありませんので、登記をしないで共有名義のままにしておくことも可能です。

相続は共有名義が残りやすい

　不動産で共有名義になる主なきっかけはグラフの通りです。

　夫婦によるマイホームの共同購入などもありますが、圧倒的に多いのは相続によるもので、約9割を占めています。これは、複数人による相続の場合、相続した瞬間は、個人の財産が相続人全員の共有状態になりますから、実家についても相続すれば必ず共有名義になるためです。

　問題は、実家の共有名義が解消されずに残ってしまいがちだということです。第1章で説明したように、不動産は価格がわかりにくいことに加えて、相続人の間での利益享受のバランスが不均衡になりやすいからです。

　こうしたことから、遺産分割協議では、現金・預金は分けても、実家の土地・建物はとりあえず共有名義のままにしておこうということになります。相続人の誰かが住む場合は平等性の点で納得が得にくくなるのですが、空き家となる場合でも共有名義のまま登記せず、売却か活用かの結論を先送りするのは珍しくありません。

　しかし、権利関係があいまいな共有名義のまま時間がたつと、確実にトラブルに発展していきます。

不動産が共有名義となるきっかけ

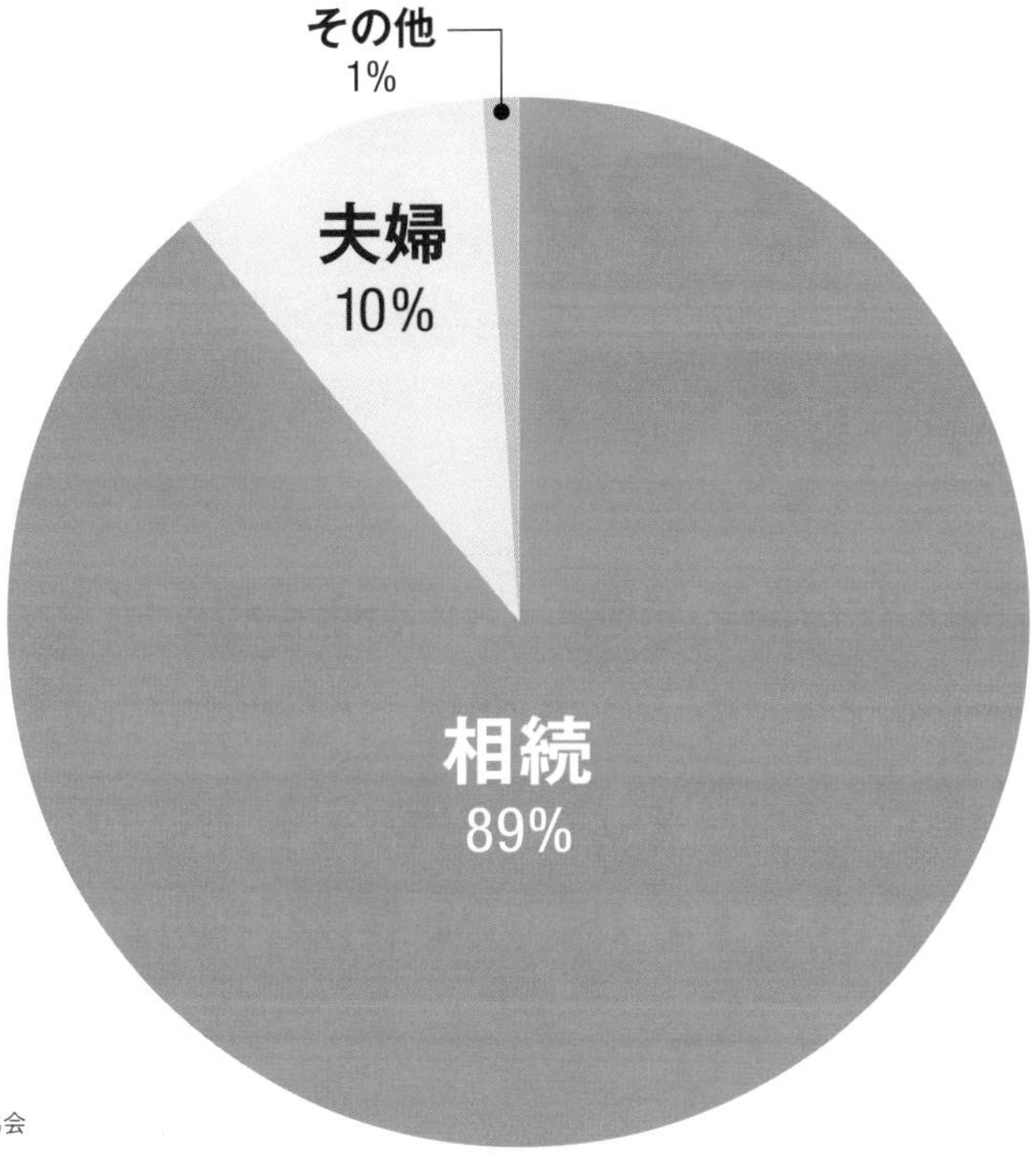
その他
1%
夫婦
10%
相続
89%

出典：一般社団法人 相続総合支援協会

相続不動産の共有名義の先送りとトラブル

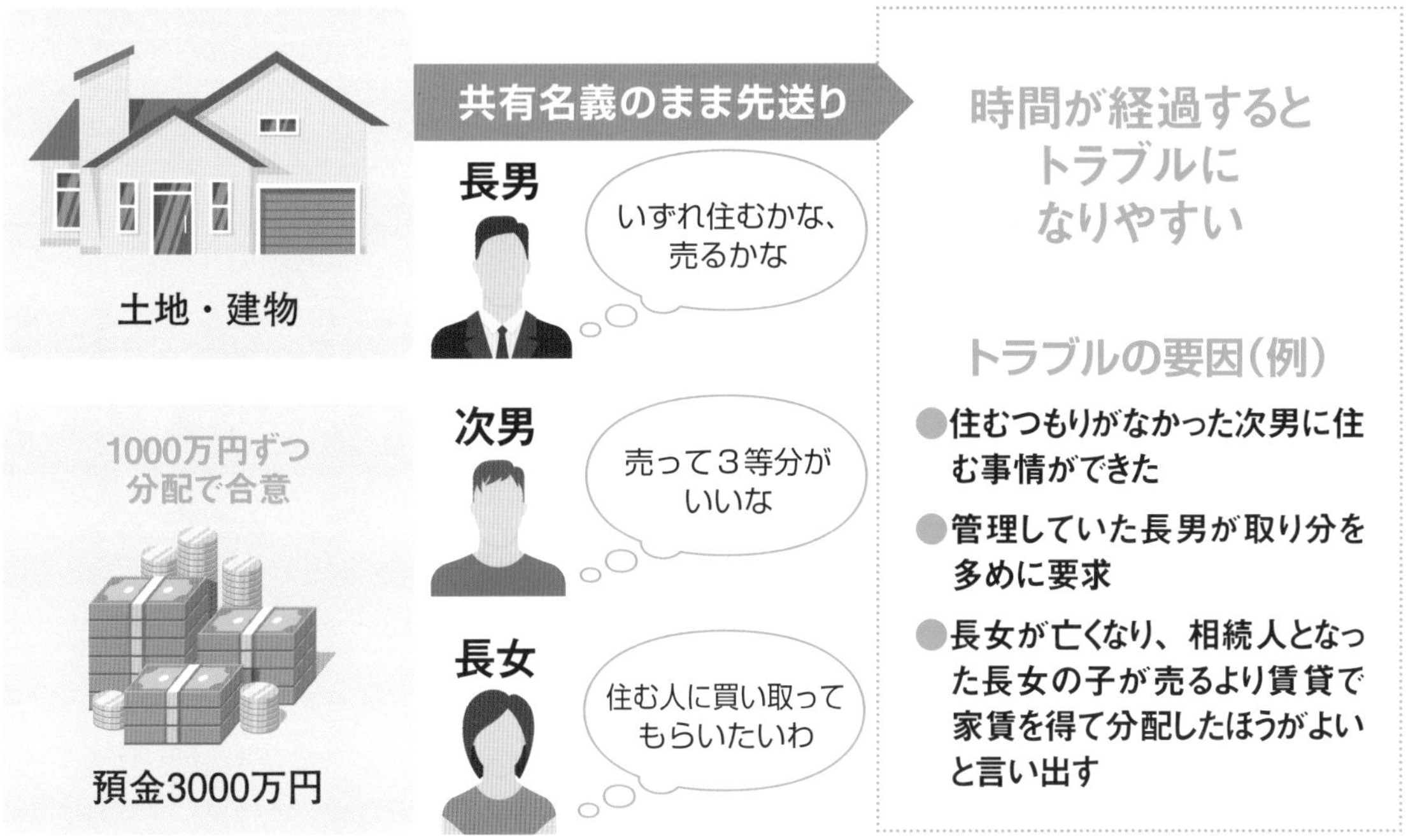
土地・建物
1000万円ずつ
分配で合意
預金3000万円
共有名義のまま先送り
長男
いずれ住むかな、
売るかな
次男
売って３等分が
いいな
長女
住む人に買い取って
もらいたいわ
時間が経過すると
トラブルに
なりやすい
トラブルの要因（例）
●住むつもりがなかった次男に住む事情ができた
●管理していた長男が取り分を多めに要求
●長女が亡くなり、相続人となった長女の子が売るより賃貸で家賃を得て分配したほうがよいと言い出す

共有名義不動産は管理や変更に3つの制限がある

POINT

- 単独でできる保存行為は、草むしり程度の不動産の現状維持行為
- 過半数同意が必要な管理行為は、価値を変えない小規模な利用・改良
- 全員の同意が必要な変更行為は、不動産全体の売却や建て替えなど
- 自分の持分だけを第三者に売るときは、ほかの共有者の同意は不要

3段階の同意ルールがある

共有名義の不動産の管理やリフォーム、売却は共有者の1人が勝手に行うことはできません。共有者全員の利益に与える影響の程度に応じて行為に制限があります。

図に示すように、全員の利益への影響が大きいほど、多くの同意が必要になります。共有者の1人が単独でできることは限られており、保存行為と呼ばれる不動産の簡単な現状維持行為だけです。

これは、例えば草むしりや雨漏りの修繕などです。現状維持行為は共有者の誰にも不利益にならないので、ほかの共有者の同意は特に必要としません。

部分的なリフォームや短期間の賃貸借は管理行為として共有者の過半数の同意が必要になります。

過半数とは人数の過半数ではなく、持分割合の過半数を意味します。図の下部に示すように、共有者が5人（母と子供4人）いた場合、人数の過半数は3人ですが、持分割合では、2分の1の持分を持つ母と子の誰か1人が同意すれば2人でも過半数同意となります。

また、賃貸借の場合の「短期間」とは、建物は3年以内、土地は5年以内の契約のことです。ただし、これらの期間内であっても借地借家法の適用を受ける賃貸借契約の場合は、管理行為ではなく変更行為となります。

変更行為は、主に建て替えや売却などですが、大規模なリフォームも含まれます。変更行為は不動産の価値を変えてしまいますので、全員の同意が必要になるのです。

自分の持分は単独で売れる

建物や土地全体の売却は、変更行為なので全員の同意が必要です。しかし、自分の持分だけを売ることは単独でき、ほかの共有者の同意は必要ありません。

例えば、3人の共有者（長男・次男・長女）のうち、長女がほかの共有者の同意なしに自分の持分を第三者に売ることは可能です。

共有名義不動産の3段階の制限と同意のルール

1 単独でできること

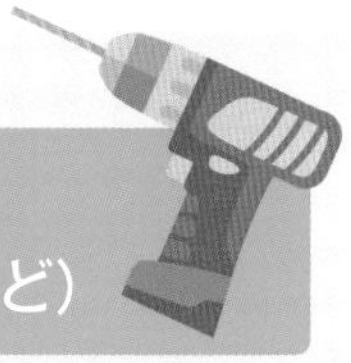

保存行為
（草むしり、雨漏りの修繕など）

不動産の現状を維持する行為。誰も不利益にならないことがポイント。自分の持分だけなら売却も可

2 過半数の同意でできること

管理行為
（部分的なリフォーム、短期間の賃貸借など）

大規模なリフォームは変更行為になる。短期賃貸借であっても借地借家法の適用を受ける場合は変更行為になる

3 全員の同意でできること

変更行為
（大規模なリフォーム、建て替え、売却など）

全員の利益に影響する行為であることがポイント

「過半数の同意」の過半数とは持分割合

持分半数

母 持分（1/2）	長男 (1/8)	次男 (1/8)	長女 (1/8)	次女 (1/8)

5人のうち3人ではなく、母と子の誰か1人の同意で過半数となる

Chapter 2 3 実家の「共有名義」をうまく処理できれば相続トラブルはほぼ解決

住む者vs住まない者のバトルがなぜ多いのか

POINT

- 共有名義で相続した実家は住んでいない相続人にも権利がある
- 相続の恩恵のほとんどは実家に住み続ける共有者が受ける
- 時間がたつにつれ恩恵を受けない共有者に不満がたまっていく
- 実家に住む者は自分の家のように使い共有名義の意識が薄れていく

住む者に恩恵が偏りやすい

実家の共有名義による相続トラブルでいちばん多いのは、相続後に実家に住む者と、他の住まない相続人との対立です。

例えば、長男・長女・次男の3人のうち、長男が実家で両親と同居していたとします。父親が亡くなり、残った母親も亡くなった時点で、実家の土地・建物は3人の共有名義になります。長男夫婦がそのまま住み続けることになったため、現金だけを3人で分けて不動産は当面、共有名義のままにしておくことにしました。

相続が発生した時点では、長男夫婦が親の面倒をみてくれたことなどで長女や次男も感謝の気持ちを持っています。自分たちも特段に住居やお金の必要に迫られていないので、実家は共有名義にしていずれ片をつければいいくらいに思っています。一見、円満に収まったようにも見えます。

しかし、住んでいる長男は自分の家として使いますから、共有名義という感覚を持ちません。一方で、長女と次男は共有名義のメリットは何も享受しない状態が続きます。時がたつにつれ、長女と次男は恩恵を独り占めしている長男に不満を持つようになります。やがて、長男に自分たちの取り分を主張し始めることによってバトルが始まります。

独り身の居住者ももめやすい

実家に住むのは長男に限りません。特に、独り身（離婚者含む）の子がいると親と同居していて、親が亡くなってもそのまま住み続ける場合があります。最近はこうしたケースが増えています。

相続が発生した時点で、独り身の居住者は、家庭を持っている他の兄弟姉妹ともめやすくなります。他の共有者からすると「私たちは大変なのに、お前は独り身で親が身の回りの面倒をみてくれて、家賃も払わずに気楽に暮らしていた」という不満を抱くからです。

住んでいる共有者の言い分と、住まない共有者の言い分

- 妻とともに親の面倒をずっとみてきた自分がいちばん取り分を多くする権利がある
- 家を継ぐ自分に、長女や次男が土地と建物を無償で譲るのは当然
- もし対価を要求するなら、身内としての安い価格なら応じる
- 固定資産税も払い、家の修繕も自分がしている
- 長女や次男は、親から結婚資金や住宅資金の十分な援助を受けている

- 親の介護や看護を応援して長男を助けたので考慮してほしい
- 長男は親の年金で生活費を実質的に援助されていた
- 住んでいるのだから、固定資産税の支払いや家の修繕をするのは当然
- 共有の権利があるのに、長男がただ同然で土地・建物を譲れというのはおかしい
- 実家を出た我々は、住宅ローンなど出費が多い

独り身の居住者のケース

- 親と同居して面倒をみていたんだからそのまま家をもらって当然
- せっかく住んでいるのだから、このまま実家に住み続けたい
- 兄貴たちはみんな結婚して住む家があるけど自分はここしかない
- 最後は親の介護で会社を退職したから収入がなく、預金も当面の生活費に少しはもらいたい

- 次男は親の面倒をみていたんじゃなくて親に面倒をみられていた
- 次男は家賃も払わず、親から多額の小遣いまでもらっていた
- 次男は独り身なんだから引っ越しも簡単。実家は売って全員で分けるべき
- 我々も住宅ローンや子供の教育費で出費がかさむから、次男が家を望むなら、預金は我々で分けたい

独り身　　家庭を持つ既婚者

Chapter 2 4 実家の「共有名義」をうまく処理できれば相続トラブルはほぼ解決

空き家の売却をめぐっても共有者の食い違いが出る

POINT

- ✓ 実家に誰かが住む場合は、ほかの共有者からの買い取り価格でもめる
- ✓ 空き家の実家を売ることでは一致しても具体的な話でもめやすい
- ✓ 売却の食い違いは売却時期・売却価格・売却金の分配などで起こる
- ✓ 売却ではなくリフォームによる活用でももめる要因がたくさんある

総論賛成でも各論反対

実家に誰かが住む場合は、最終的には住む者に名義を一本化して共有名義を解消することになります。名義を一本化するには、住む共有者が、ほかの共有者の持分を買い取るのが基本です。

ここでのもめる原因は買い取り価格です。身内ということで多くは相場より安く提案されますが、買う側は極端に安い価格を主張してくることがよくあります。場合によっては、「ただでよこせ」と言ってくることさえあるのです。

実家が空き家になる場合は、共有者以外の第三者に売却することになります。売ることで一致しているのですから簡単なように思えますが、実は意外にすんなりとはいきません。

なぜなら、具体的な売却の進め方で共有者間で食い違いが起きるからです。主な食い違いは、図のように売却時期・売却価格・売却金の分配などで起きます。売ること自体は一致していても「総論賛成、各論反対」に陥ることは珍しくありません。また、一部の共有者の主張が売却から賃貸による活用などに変わることもあります。

リフォームでももめる

空き家でも、賃貸収益などが見込める場合は売却せずにリフォームして活用するという方法もあります。共有者全員の合意であれば問題ないのですが、相続した共有者の1人が勝手にリフォームしてしまうということがあります。

例えば、兄と妹で相続した2階建ての空き家の1階をリフォームして、弁当屋を始めることにしたケースで考えてみましょう。

空き家の管理は兄が行っていましたが、妹には開店後に知らせました。こうしたリフォームは管理行為にあたるので、過半数の同意が必要です。このケースでは妹の同意がなければ、兄が勝手にリフォームすることは許されません。当然、妹は抗議するでしょう。

空き家の実家の売却についての主な食い違い

売却時期
で食い違う

売却価格
で食い違う

売却金の
分配
で食い違う

途中で
売却撤回に
気が変わる

- 2、3年したら値上がりするかも
- できるだけ高く売りたい
- 空き家を管理してきたし、手続きは全部引き受けるからその分、分配金は多めにもらうのが当然

- 思い出のある家だから、時間をかけて片づけしてから売りたい
- こちらの希望価格で売れるまで待てばいい
- 売却金は公平に3等分で配分すべき

- とにかく早く売って、早く分配したい
- 少し安くても売れる価格で売りたい
- 介護や看護で通い詰めたんだから分配金は多くもらいたい

やっぱ、アパートにして
賃貸にしたほうが
いいかな……

Chapter 2　5

実家の「共有名義」をうまく処理できれば
相続トラブルはほぼ解決

「とりあえず共有」はリスクの先送りとなる

POINT

- 遺産分割がまとまらないとき「とりあえず共有」は無難な方便
- 「とりあえず共有」は根本的な解決策ではなくリスクの先送り
- 時間がたつと共有者の事情や気持ちが変わりトラブルの引き金となる
- 時間がたつと相続によって共有者が代替わりし際限なく増えていく

「とりあえず共有」は落とし穴

相続登記は義務ではなく、罰則もなく、期限もありません。そのため、親名義のまま放置しておいても法律的には問題ありません。

特に、相続人の誰かが住んでいて固定資産税を払ってくれていれば、他の相続人には何も不都合がありません。そもそも不動産は分けにくいので、遺産分割の合意に手間取りやすく、「とりあえず共有にしていずれ考えよう」と安易に先送りしがちです。

しかし、「とりあえず共有」は、結論を先送りしているだけでなく、トラブルのリスクも先送りしていることになるのです。当座は収まっても、将来のリスクの落とし穴があることを意識すべきです。

放置が続くと収拾不能になる

共有状態を放置しておくと、時間がたつほどリスクが大きくなっていきます。相続によって子の代、孫の代と受け継がれて、共有者が際限なく増えていき、共有名義の解消をしようとしても、収拾がつかなくなるからです。

イメージは図のようになります。世代を経るに従ってどんどん枝分かれし、共有者が増えるだけでなく、関係も疎遠になってコミュニケーションが難しくなっていきます。さらに、相続人の中に外国在住者がいれば、連絡や書類の準備も容易ではなくなります。

また、時間がたつと共有者の事情や気持ちが変わっていくことも「とりあえず共有」の怖さです。

親の面倒をみてくれた長男に対する感謝の気持ちも、数年もすると薄れてきます。売るつもりだった空き家も自分の子に住まわせたいと思ったり、リストラに遭ってまとまったお金が必要になったりするかもしれません。

相続時に口約束だったりすると、住んでいる共有者が他の持分を買ってくれない、売却の約束を実行しないといった不満がたまっていき、トラブルに発展します。

世代を超えて拡大していく共有名義の共有者

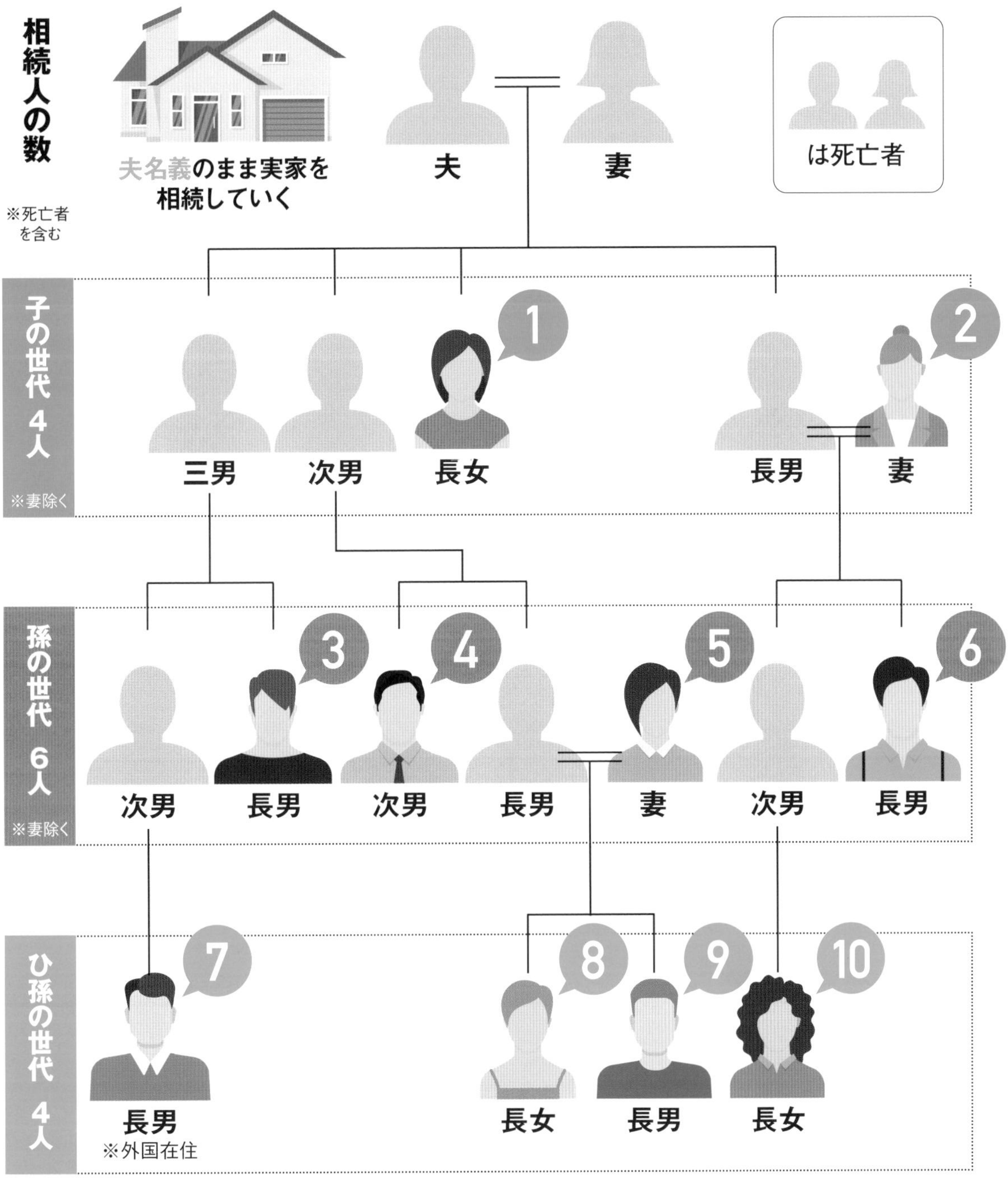

ひ孫の代には共有者が10人に増えている

相続不動産の共有名義はデメリットの理解が重要

POINT

- 相続の空き家売却には税制メリットがあるが条件がかなり厳しい
- 自由な利用や処分ができないのが共有名義に共通するデメリット
- 不動産に共有者の1人が住む場合は他の共有者とのバランスが重要
- 共有名義の放置は権利関係を複雑にし空き家が社会問題化している

共有名義には税制メリット

不動産を購入するときは、共有名義には税制メリットがあります。代表的な例はマイホーム購入時に夫婦で住宅ローンを組む場合です。マイホームを夫婦の共有名義にすれば夫婦それぞれが住宅ローン控除を受けることができます。

相続でも、相続で得た空き家（マンションを除く）が一定の条件を満たしていれば、売却したときに、「３０００万円特別控除」が受けられます。

税制以外では、空き家の実家が収益物件であれば、リフォームして貸し出し、持分に応じた利益を各共有者が公平に受け取れる活用メリットもあります。

デメリットをよく理解する

一方で、特に相続不動産では共有名義のデメリットをよく理解することが重要です。デメリットは、相続トラブルに直結するからです。主なデメリットには、図の下段に示すようなものがあります。

これらのデメリットに共通するのは、権利者が複数いることで、所有者であるにもかかわらず自由な利用や処分ができないことです。そのため、どこかで共有名義を解消する必要があります。

デメリットからトラブルに発展するのが多いのは、前述したように、共有名義の不動産（実家）に共有者の1人が住んでいる場合です。住んでいる共有者が利益を独占してしまうため、他の共有者とのバランスを図る必要があります。

不動産の利用や管理に制限のあることもトラブルを誘発します。特に、住んでいる共有者は、合意を必要とするリフォームなどの管理行為を「自分の家」という感覚で勝手にやってしまいがちです。

売却も共有者それぞれに事情や思惑があり、全員の意思を一致させるのは簡単ではありません。

共有名義の放置は、どんどん権利関係を複雑にし、増える空き家が社会問題にさえなっています。

相続不動産に関係する共有名義の主なメリット・デメリット

メリット

売却時の税制メリット

相続で得た空き家を売却したとき、下記の条件を満たしている場合に譲渡所得（売却価格から取得費や費用を引いた額）から「3000万円の特別控除」を差し引くことができる

条件

- 死亡した人だけが住む居住用だった家屋（マンションを除く）
- 昭和56（1981）年5月31日以前に建築
- 相続開始から3年経過後の12月31日までに売却
- 令和5（2023）年12月31日までに売却
- その他（売却価格は1億円以下、家屋が耐震基準を満たしているか、または家屋を取り壊して土地を売却するなど）

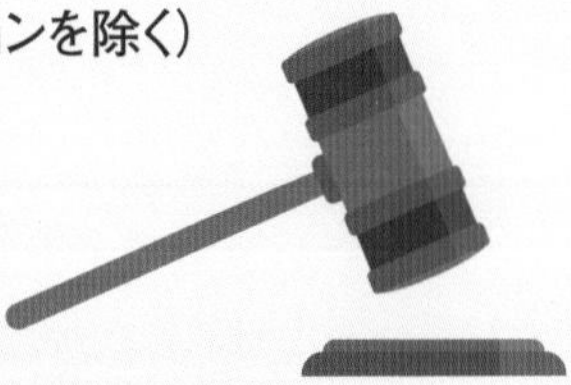

実家を賃貸にして共有者全員が利益を受けられる活用メリット

収益物件の場合は建て替えやリフォームなどをして貸し出し、家賃収入を共有者全員が受け取れるようにすれば公平な配分にしやすい

デメリット

住んでいる共有者に利益が偏り不公平になる

住んでいる共有者は利益を享受できるが、そのままだと住んでいない他の共有者は何の利益も受けられないことになる

不動産の利用がしにくい

不動産の管理や活用には、共有者の同意を必要とする3段階の制限があり（p.36参照）、1人の共有者が自由に利用することができない

不動産の売却が難しい

- 全体の売却は共有者全員の合意が必要
- 自分の持分だけの売却は、全体の売却より価値が下がり安くなる

相続を重ねることで共有者が増えていく（p.42参照）

- 共有者が死亡するとその子、孫と相続が引き継がれ共有者が増えていく
- 共有者が増えると手間や費用が増え、共有名義解消が難しくなる

Chapter 2

7

実家の「共有名義」をうまく処理できれば
相続トラブルはほぼ解決

相続時の共有名義はよいが最終的には解消する

POINT

- 必ずしも相続時に共有名義を解消しておかなくてもよい
- 遺産分割の合意が長引く場合は一時的に共有名義も活用できる
- 当初の共有名義には感情の潤滑油（気持ちの手続き）の効果もある
- 口約束ではなく文書で残し、最終的には共有名義は必ず解消する

相続では先送りメリットも

ここまで、相続時の不動産の共有名義のリスクを解説してきましたが、共有名義が絶対にダメだというわけではありません。

特に、うまく使えば遺産分割で合意が得られないときの解決手段になります。例えば、実家に住む共有者が相続時にほかの共有者の持分を買い取れない場合、期限を決めて文書に残し、当座は共有名義にしておくのです。つまり手段としての先送りメリットです。

相続税が発生する場合には、10カ月しか期限がありませんから、いったん共有名義のままにしておいて、相続税の手続きが終わってから本格的に話し合うのもひとつの方法です。

最終的には必ず解消する

先送りメリットとしては、売却時期の調整もあります。

例えば、2年くらいしたら確実に不動産価格の上昇が見込める場合は、共有名義のまま様子見でもよいでしょう。また、実家に住む長男が弟や妹（他の共有者）の持分の買い取りを望んでも手元に資金がない場合、資金の工面のめどがあるなら将来の買い取り時期を決めて共有名義にしておくというのは差し支えないでしょう。

もうひとつ、私は共有名義の先送りには「気持ち的な手続きのプロセス」という効果があると感じています。とりあえず共有名義で相続登記することで自分の持分を実感し、公平な恩恵を受けたという親への感謝の気持ちが湧きます。

実際に過去に不公平があっても一度リセットでき、遺産分割の話し合いもスムーズに進みます。トラブルの要因はしょせん感情のぶつかり合いですから、当座の共有名義は感情の潤滑油になります。

いずれにしても、口約束ではなく書面で将来の共有名義の解消を決めておくことは必須です。どこかの時点で共有名義の解消はしなければなりません。

共有名義の活用例と最終的な解消

口約束はNG！

こんな場合はとりあえず共有名義もあり

状況	対応
遺産分割協議がなかなかまとまらない	相続手続きが落ち着く1年後に再度話し合う約束を文書で交わしておく
住まない共有者から持分を買い取りたいが資金がない。3年後なら保険の満期金が入る	3年後に買い取る約束を文書で交わしておく
近い将来、不動産相場が上がりそう	共有物不分割特約※の登記をしておく（抜け駆けの持分売却防止のため）

※共有者全員で一定期間は分割をしないという契約。期間は5年以内（更新可）

最終的には共有名義を解消

感情の潤滑油

共有名義で過去の不公平のもやもやをリセット

次郎だけ大学行かせてもらって俺は苦労したけどまあいいいか
女の子だから私だけ損していたと思っていたけどお父さんたちはちゃんと考えてくれていたのね
いつも兄ちゃんばっかりかわいがられてたけどちゃんと３等分から話し合えということか
太郎
花子
次郎

共有名義の解消方法は売る・買う・放棄の3つ

POINT

- ✓ 自分の持分はほかの共有者の合意がなくても自由に売買できる
- ✓ 持分を売る相手は共有者だけでなく身内以外の第三者でもかまわない
- ✓ 持分の売買では利益を確保できるが放棄は無償で持分を与えるだけ
- ✓ 持分放棄であれば不動産の共有持分以外の相続財産は取得できる

解消は3つの方法から選択

共有名義を解消する方法は3種類あります。「自分の持分を売る」「他の持分を買い取る」「自分の持分を放棄する」です。

持分を売るのは、ほかの共有者だけでなく、第三者に売ることもできます。

図では3人の共有者（長男・長女・次男）の事例を示しました。「自分の持分を売る」とは、ほかの共有者または第三者に持分を売ることです。長女は長男や次男に売ることも、第三者に売ることもでき、どちらも長女自身は共有名義の状態から離脱することができます。長女の持分は売り先の者がそのまま引き継ぎます。

次に、「他の持分を買い取る」とは、共有者の1人の持分を他の共有者が買い取ることです。長男が長女から買うのは、長女が長男に売ることと同じです。さらに、長男が長女と次男の両方の持分を買い取れば、長女と次男が共有状態から離脱し、長男の単独名義にすることができます。長男が相続した実家に住んでいる場合は、長男の買い取りによる共有名義の解消が合理的です。

長女や次男にしても、自分の持分を売却できれば、自分の利益を確保したうえで、共有名義を解消することができます。

あきらめてよいなら放棄も

「財産はいらないから、とにかくもめ事から手を引きたい」というケースもあります。財産をあきらめてよいなら、「自分の持分を放棄する」のも選択肢のひとつです。

自分の持分を放棄する方法には、「相続放棄」と「持分放棄」があります。相続放棄は、相続開始後3カ月以内に手続きをしないとできなくなります。持分放棄は期限がないので、いつでもできます。なお、相続放棄は遺産全部の放棄になりますが、持分放棄なら不動産の自分の共有持分だけを放棄して他の相続財産は取得できます。

共有名義を解消する3つの方法

事例 共有者は3人（長男・長女・次男）で、持分は各3分の1

自分の持分を売る

長女が長男に売る

持分の変化

長男 2/3
次男 1/3

長女は共有から離脱

長女が第三者に売る

持分の変化

長男 1/3
次男 1/3
第三者 1/3

長女は共有から離脱

他の持分を買い取る

長男が長女から買う

持分の変化

長男 2/3
次男 1/3

長女は共有から離脱

長男が長女と次男から買う

持分の変化

長男 3/3
（単独名義）

長女・次男は共有から離脱

自分の持分を放棄する

長女が持分を放棄

持分の変化

長男 1/2
次男 1/2

長女は共有から離脱

相続放棄と持分放棄の違い

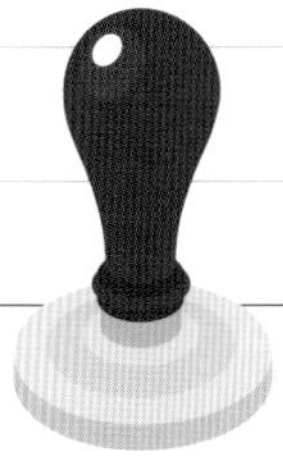

	相続放棄	持分放棄
手続き期限	死亡後（相続開始後）3カ月以内	なし
放棄の範囲	全財産	不動産の共有持分のみ（他の相続財産は取得できる）
贈与税	対象にならない	対象になる（贈与ではないが税法上贈与とみなされる）
その他		放棄に他の共有者の同意は不要だが、持分移転登記は他の共有者と共同で行わなければならない ※登記しないと固定資産税の請求が届いてしまう ※登記を拒否されても登記引取請求訴訟で登記が認められる 持分の取得費は持分放棄時の価格 ※持分を引き受けた共有者が売却するときに税金が安くなる可能性がある

Chapter 2 9 実家の「共有名義」をうまく処理できれば相続トラブルはほぼ解決

第三者に自分の持分を売るのも難しくはない

POINT

- 共有名義不動産の持分を買う第三者は投資家や専門の買取業者
- 投資家などの第三者は物件の投資価値だけで買取価格を提示してくる
- 共有名義不動産にはハイリスク・ハイリターンの魅力がある
- 買取業者は価格に厳しく安値で買い叩かれるリスクがある

共有持分を買う第三者がいる

共有持分を売り買いするのは、共有者や親族などの身内だけとは限りません。そうはいっても、身内ではない見ず知らずの第三者が、さまざまな制約があって使い勝手の悪い共有持分を買ってくれるものなのでしょうか。

意外に思うかもしれませんが、実は共有名義の一部だけを買う人は存在します。投資家や専門の買取業者です。なぜなら、買う価値があるからです。

投資家は、投資に見合う利益が得られるなら積極的に買います。もちろん、制約の多い共有名義物件は、通常の不動産より確かにリスクがあります。しかし、リスクが高い代わりに、通常の不動産投資より儲かる可能性も秘めているのです。いわゆるハイリスク・ハイリターンです。

不動産に市場価値がありさえすればよいので、普通に不動産取引が行われていれば全国どこでも地域は関係ありません。

身内同士では感情が先行して、必ずしも合理的な価格の提示ができないものです。しかし、投資家は利益の出る価格しか考えません。このように、第三者が入ることによって適正な価格で売却が成立することもあるのです。

投資家か専門買取業者か

第三者の買い手には、投資家のほかに専門の買取業者もいます。共有持分の買い取りを専門とする不動産業者です。

何となく、プロの買取業者のほうが高く買ってくれそうな気がしますが、実際は逆です。商売ですから価格には厳しく、とんでもない安値で買い叩かれるリスクがあります。ただし、売却を急ぎたい場合は、早く買い取ってもらえるメリットはあります。

もし売却を急がないのであれば、投資家と買取業者の提示価格を比較してから決めるのもひとつの選択肢です。

身内と第三者の共有名義不動産の購買動機の違い

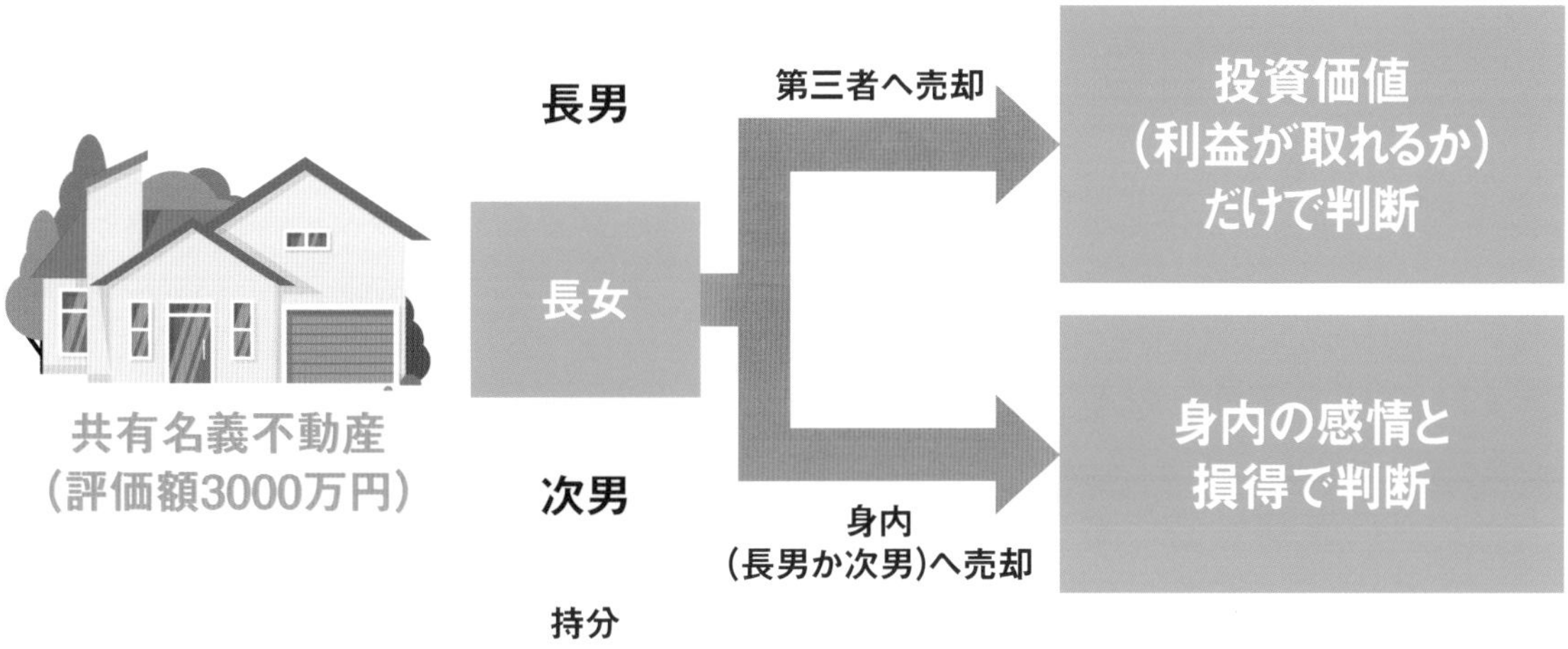
共有名義不動産
（評価額3000万円）
長男
長女
次男
持分
第三者へ売却
投資価値
（利益が取れるか）
だけで判断
身内
（長男か次男）へ売却
身内の感情と
損得で判断

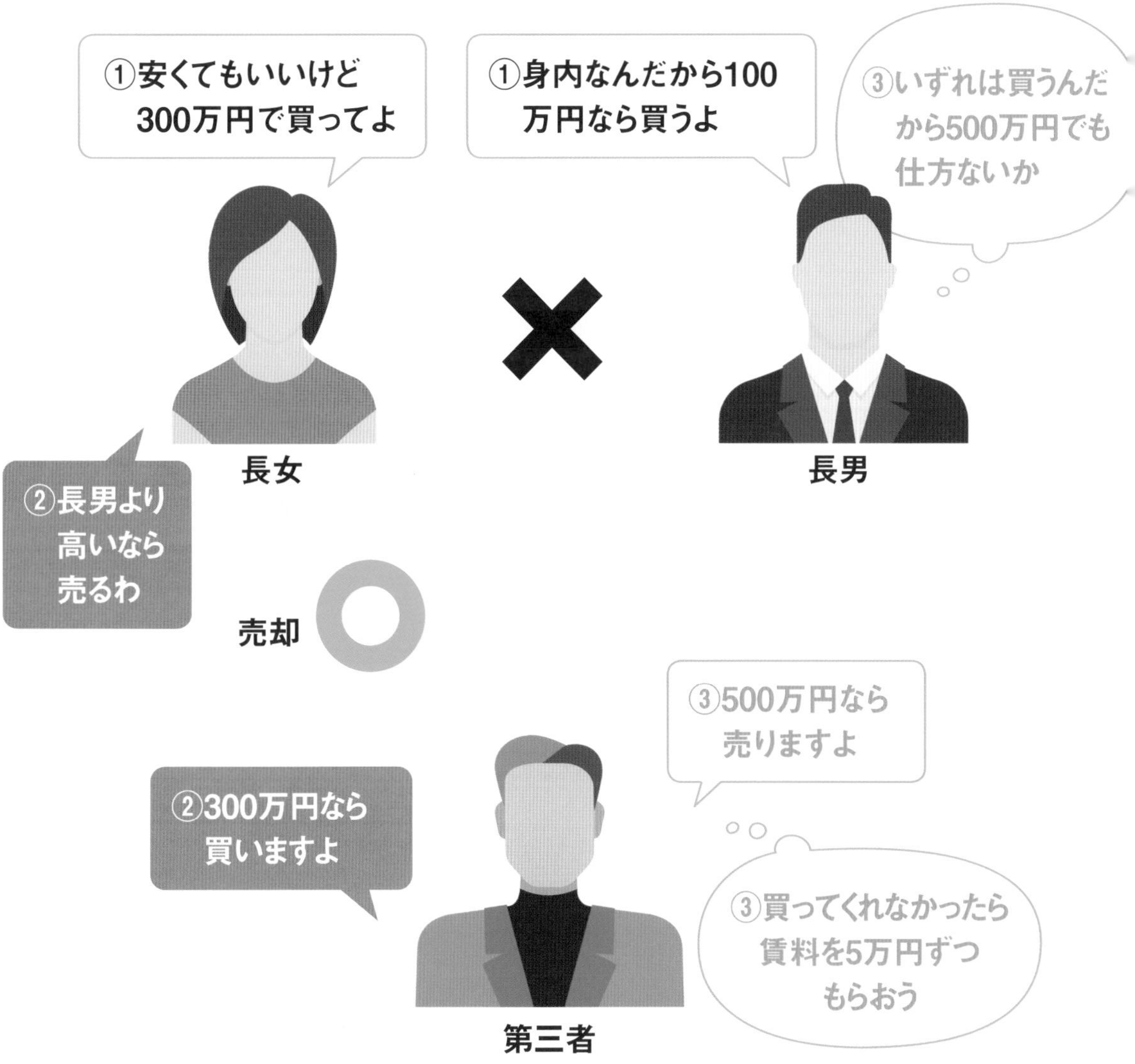
①安くてもいいけど
300万円で買ってよ
①身内なんだから100
万円なら買うよ
③いずれは買うんだ
から500万円でも
仕方ないか
長女
長男
②長男より
高いなら
売るわ
売却
③500万円なら
売りますよ
②300万円なら
買いますよ
③買ってくれなかったら
賃料を5万円ずつ
もらおう
第三者

共有物を分割する方法は現物・代金・代償の3つ

POINT

- ✓ 現物分割は単純な均等割りではなく利益享受の割合を考慮する
- ✓ 代金分割は不動産全体の売却金を共有者全員で分けるのでシンプル
- ✓ 代償分割は共有者の1人が金銭で他の共有者から持分を買い取る
- ✓ 代償分割では適正価格の算出と買い取る者の支払い能力がポイント

意外とやりにくい現物分割

共有名義を解消するときには、共有不動産全体の価値を共有者で分け合うことになります。

分け方には、「現物分割」「代金分割（換価分割）」「代償分割（価格賠償）」の3つがあります。イメージしやすいように、次ページに具体的な事例を示してみました。

現物分割とは、文字通り不動産自体を持分に応じて物理的に分ける方法です。しかし、90坪の土地を単純に30坪に分筆（区分け）すれば公平というわけにはいきません。道路への接し方や日当たりなどで恩恵に差が出るからです。

このように、現物分割は単純ではなく、公平性を維持するのは意外と難しい面があります。事例では、角地で実家に住んでいる長男に恩恵が偏っています。

この場合、公平性を図るために建物の建っている敷地面積の20坪で分筆して長男のものとし、長女と次男を35坪ずつで分筆するというのもひとつの解決策です。

金銭で解決する2つの方法

現物分割に対して、金銭による共有不動産の分割方法が、代金分割と代償分割の2つです。

代金分割は、不動産全体を売却し、売却したお金を共有者で分配する方法です。売却するときは、いったん共有者の誰かの単独名義にしておくのがスムーズです。

代償分割は、共有者の1人がほかの共有者全員の持分を買い取って、名義を一本化する方法です。不動産全体の評価額に応じた各人の持分割合に相当する金銭を支払って持分を買い取ります。

これは共有者の1人が住んでいて、今後も住み続けたいときに取る解決方法です。買い取るときのポイントは、適正価格の算出と買い取る共有者の支払い能力です。なお、極端に安い価格で買い取ると税務署から低額譲渡とみなされ、時価との差額に贈与税がかかる場合があるので注意が必要です。

共有名義を解消するための共有不動産の3つの分割方法

事例

相続した90坪の実家。
不動産評価額は
6000万円
（建物は価値なし）

90坪

①現物分割　土地を分筆

長男
30坪
長女
30坪
次男
30坪

3人が各30坪を単独名義で所有

②代金分割（換価賠償）　土地を売却して分配する

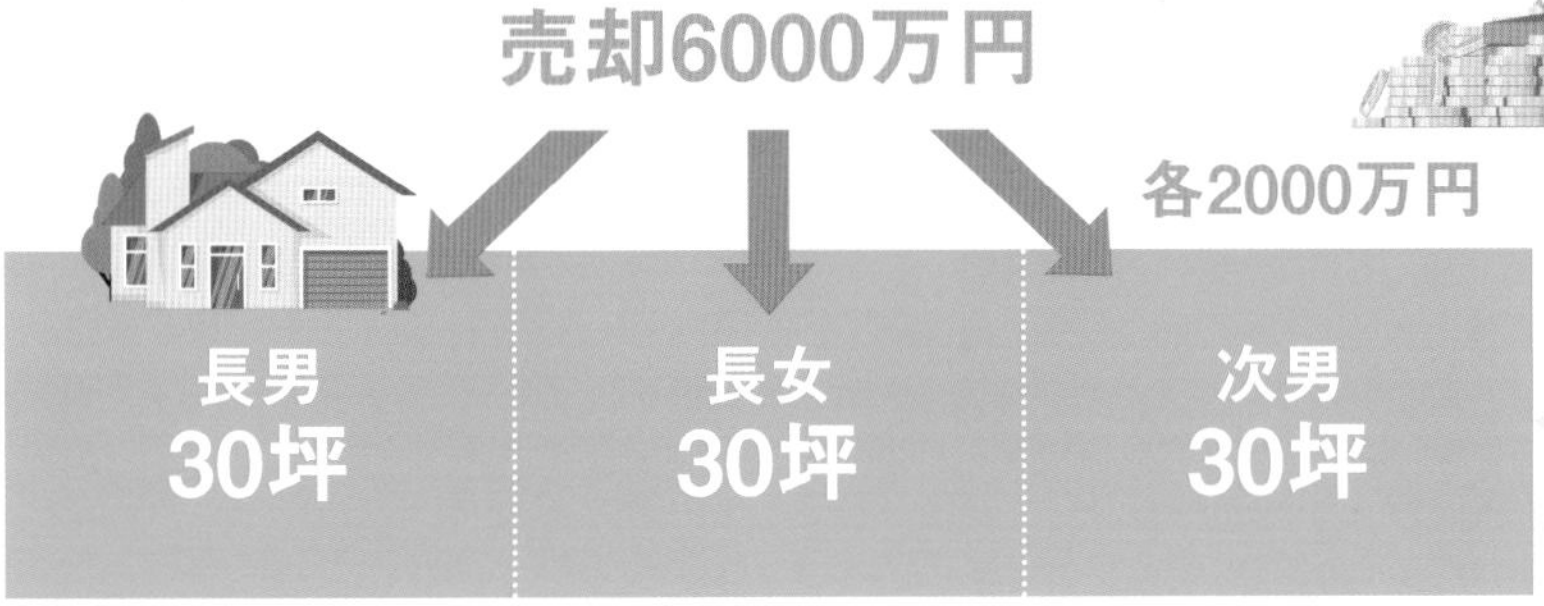
売却6000万円
各2000万円
長男
30坪
長女
30坪
次男
30坪

売却金6000万円を3人で2000万円ずつ分配

③代償分割（価格賠償）　共有者の1人がほかの共有者の持分を買い取る

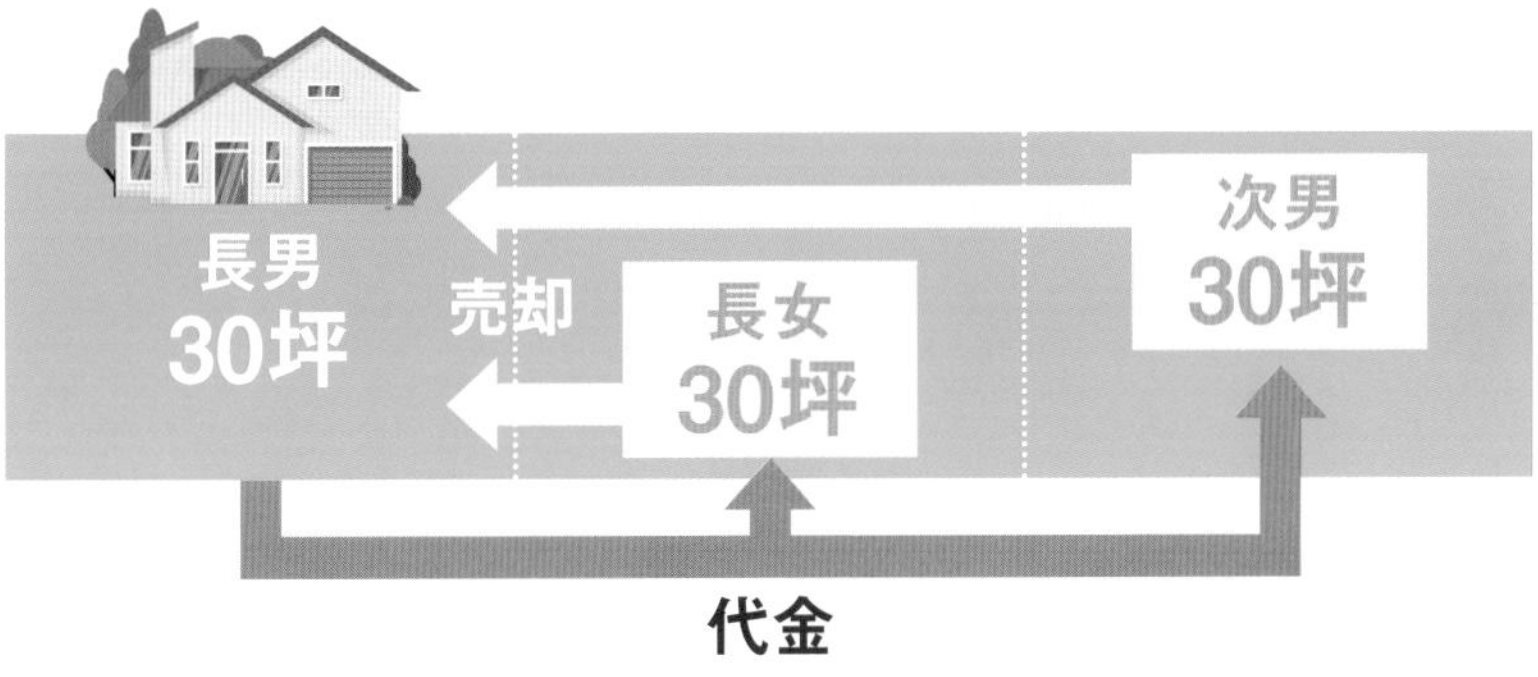
長男
30坪
売却
長女
30坪
次男
30坪
代金

代金各2000万円を長男が長女と次男に支払って共有持分を買い取り、90坪を単独名義で所有

解消の最後の切り札は「共有物分割請求訴訟」

POINT

- 共有物分割請求訴訟は裁判所に分割方法を決めてもらう手続き
- 必ず「現物分割」「代償分割」「代金分割（競売）」の順で検討される
- 全員の利益の平等性の視点で判定されるがほとんどが競売になる
- 競売は安くしか売れないだけでなく親族間に心のトラブルを残す

裁判所が分割方法を決める

いくら話し合っても、共有名義の解消にどうしても応じない共有者がいる場合はどうしたらいいでしょうか。最後の切り札として、訴訟という解決手段があります。「共有物分割請求訴訟」といって、裁判所に分割方法を決めてもらう申し立てです。

これは、通常の訴訟のように勝ち負けの判定ではなく、合理的な分割法を決めてもらう手続きです。そのため、申し立てで希望する分割方法の可否ではなく、全員の利益の平等性の視点で判定します。

ほとんどは競売により決着

共有物分割請求訴訟では、裁判所はまず和解案を示して和解を促します。和解協議が不調に終わった場合は、「①現物分割→②代償分割→③代金分割（競売）」の順で検討し、最終的な判決を下します。

検討する順番は、申し立て内容の希望にかかわらず、①から③の手順になります。裁判所の視点（法律上）としては現物分割が原則ですが、実際は競売になってしまうことがほとんどです。

具体的な事例で見てみましょう。図のように、親から相続した実家に住む長男が、共有者の長女・次男を相手取って共有物分割請求訴訟を起こしました。

この場合、裁判所は、まず現物分割が可能かどうかを検討します。分割すると土地の価値が大きく下がるなど現物分割が難しいと判断されれば、次に長男の希望する代償分割を検討します。

長男の提示した各100万円の買い取り価格が妥当かどうかを専門の鑑定人による鑑定で判断します。妥当であれば認められますが、妥当とされる価格がもっと高く、長男に支払い能力がないと判断されれば、最終的に競売による代金分割となります。

競売では、一般的に市況価格より安くなるので、共有者全員が不利益を受けることになります。

共有物分割請求訴訟の流れ

共有物分割協議

決裂

共同相続人の間で遺産分割協議を整える。協議・調停でも整わない場合は、遺産分割審判まで求める必要あり(上記手続きなしに共有物分割請求の申し立ては不可)

共有物分割請求訴訟を申し立て

被告の住所または共有不動産の所在地の地方裁判所に申し立て

裁判所が和解案を提示

裁判所は和解を促す

不調

裁判所が分割方法を検討

申し立て内容の希望分割方法に関わりなく、以下の順番で検討

①現物分割(可能かどうか)

②代償分割(長男が希望する各100万円の買い取り価格が妥当かどうか)

③代金分割(競売)

裁判所が判決を下す

競売判決となることが多い

判決に従って共有不動産を分割

競売の落札価格は、市況価格より安くなるのが一般的。さらに、裁判手続きの手間や費用がかかり、判決まで時間もかかる。親族間に心のトラブルも残す

事例

物件	親から相続した実家(評価額3000万円)
共有者	長男(実家に居住)・長女・次男
訴訟内容	長男が長女と次男に各100万円で自分に売るように請求したが長女と次男が応じない
結果	競売となったが、2100万円(任意売却なら3000万円で売れた)でしか売れず、700万円ずつ分配した。長男は占有権限を失い、退去を求められて住めなくなった

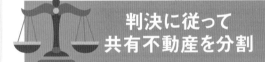

Chapter 2 12 実家の「共有名義」をうまく処理できれば相続トラブルはほぼ解決

親が元気なうちにトラブルの芽を摘もう

POINT

- 親と子が話し合って方向性を決めておくことでトラブルが防げる
- 特に共有名義については分けにくいため親子で決めておくことが重要
- 親の意向が子に十分に伝わると、もめずにまとまりやすい
- 親が亡くなってから子供同士で話し合うとなかなかまとまらない

親子で方向性を決めておく

実家の土地・建物の共有名義は、相続トラブルにほぼつながると言ってよいことは、繰り返し説明してきました。しかも、解決方法はトラブルの数だけあり、個別に異なります。

財産の相続については、親が亡くなってから初めて話し合うのが一般的です。しかし、相続発生前、つまり親が生きているうちに、親自身が相続時の財産をどのように分配するかを決めていれば、トラブルの多くは避けられます。

付け加えれば、できれば親子で話し合って十分に理解し合い、財産の分配の方向性を決めておくことが理想的です。我が国では欧米のように、親の生前から死後の財産を語る風土がありませんが、事前に親子で話し合っておくことはトラブル回避には欠かせません。

特に、トラブルになりやすい不動産に関しては、親の意向と子の要望を出し合って処理方法をよく詰め、親子で合意して確認しておくことが、共有名義トラブルの回避に有効です。

親の意向は影響が大きい

不動産に関しては、どんな形にせよ、最終的には共有名義を解消する取り決めをしておくべきです。

例えば、長男が親と同居しているなら実家は長男が受け継ぎ、ほかの兄弟姉妹には実情に応じた配慮を行うといったことです。また、誰も住まないなら、3年以内に売却して売却金を均等に分けるといった取り決めが必要です。

子供同士では主張が対立してうまく話し合えなくても、親の意向ということでまとまる場合もあります。やはり、親の意向というものは、子に与える影響が大きいものです。

合意事項は親に遺言書として残してもらえば、後でもめることもありません。共有名義対策に限りませんが、親が生きているうちにトラブルの芽を摘むのです。

親の意向が子に伝わっていればもめない

相続財産（土地・家屋3000万円、預貯金3000万円）、長男（太郎）は親と同居

介護になったら**太郎**夫婦には苦労をかけると思うが、よろしく頼む。家は全部引き継いでいいから、お金は500万円で我慢して**花子**と**次郎**に回してやってくれないか

次郎は海外赴任で私たちの介護の世話は無理だろうから**太郎**に任せて自分の仕事をしっかりやりなさい。収入は3人の中でいちばん多いから、すまんがお金の1000万円だけで我慢してくれないか

花子は遠く離れているから、介護になってもたびたび来なくていいわよ。でも子供が4人もいるからお金は多めの1500万円あげるわね

親の意向は“威光”

平等な分け方ではないけれどそれぞれに感謝して決めたと理解してほしい

お父さん、お母さんがそう言うなら、その通りにします

もし、両親の死亡後に初めて協議すると……

親の介護を全部引き受けて苦労したし、ここに住んでるんだから家をもらうのは当然。生活費もかかるからお金は1000万円ずつ均等割りでいいだろう

太郎ばっかり得になるのはおかしいわ。家はしょうがないとして、お金は私と次郎で1500万円ずつ分けるべきよ

権利は平等なんだから、3人で2000万円ずつ分けるべきだ。兄貴（太郎）が2人に500万円ずつ払うのが筋だ

共有名義トラブル対策としてやっておきたいこと

POINT

- まずは親子でよく話し合うことが共有名義トラブル対策の出発点
- 親が理由を説明することで子は不公平な分け方でも納得する
- 方向性を決めるときは自宅の共有名義解消の手立てを明確にしておく
- 親子の合意であっても法的強制力を持つ遺言書は必ず残してもらう

まずは親子でよく話し合う

共有名義はなぜもめやすいのか。それは、不動産は高額で相続財産に占める割合が大きいからです。しかも、現金のように分けたりしにくいため、どうしても不公平な分け方になりがちです。

不公平でも納得を得るためには、生前に親がよく子に説明しておくことが重要です。また、親が一方的に押し付けるのではなく、子の要望もくみ取って決めることが納得感を高めます。そのため、何よりもまず親子で十分な話し合いを持つことが大切です。

親子の話し合いでは、親の意向と子の要望を出し合って明らかにします。具体的な内容は図のようなものです。ただ、親は財産内容を明らかにしたくないなどと思うことも多く、すんなりと話が進むとは限りません。

しかし、すべての項目の話し合いができなくても、やれることだけでもやっておくべきです。特に、偏った分け方になる場合は、親が理由を説明しておくことで、子の納得が得られやすくなります。

方向性を決め遺言書を残す

親子の話し合いによって、各自の意向や要望が確認できたら、方向性を決めておきます。特に、自宅は最終的に単独名義にすることを明確にしておくことが重要です。

方向性が決まったら、合意内容を遺言書に書いてもらいます。たとえ親子で合意しても、遺言書は必ず残しておくべきです。口約束では、相続時に親の意向を証明する手段がなくなるからです。法律的な強制力があるという意味でも、遺言書は最も有効な相続トラブル回避の手段なのです。

なお、遺言書があっても、内容が偏っていれば、相続時に遺留分を主張するなどのトラブルの可能性もあります。そのため、相続時点で共有名義の解消については改めて取り決め、文書化しておくことが重要です。

生前にやっておきたい共有名義トラブル対策

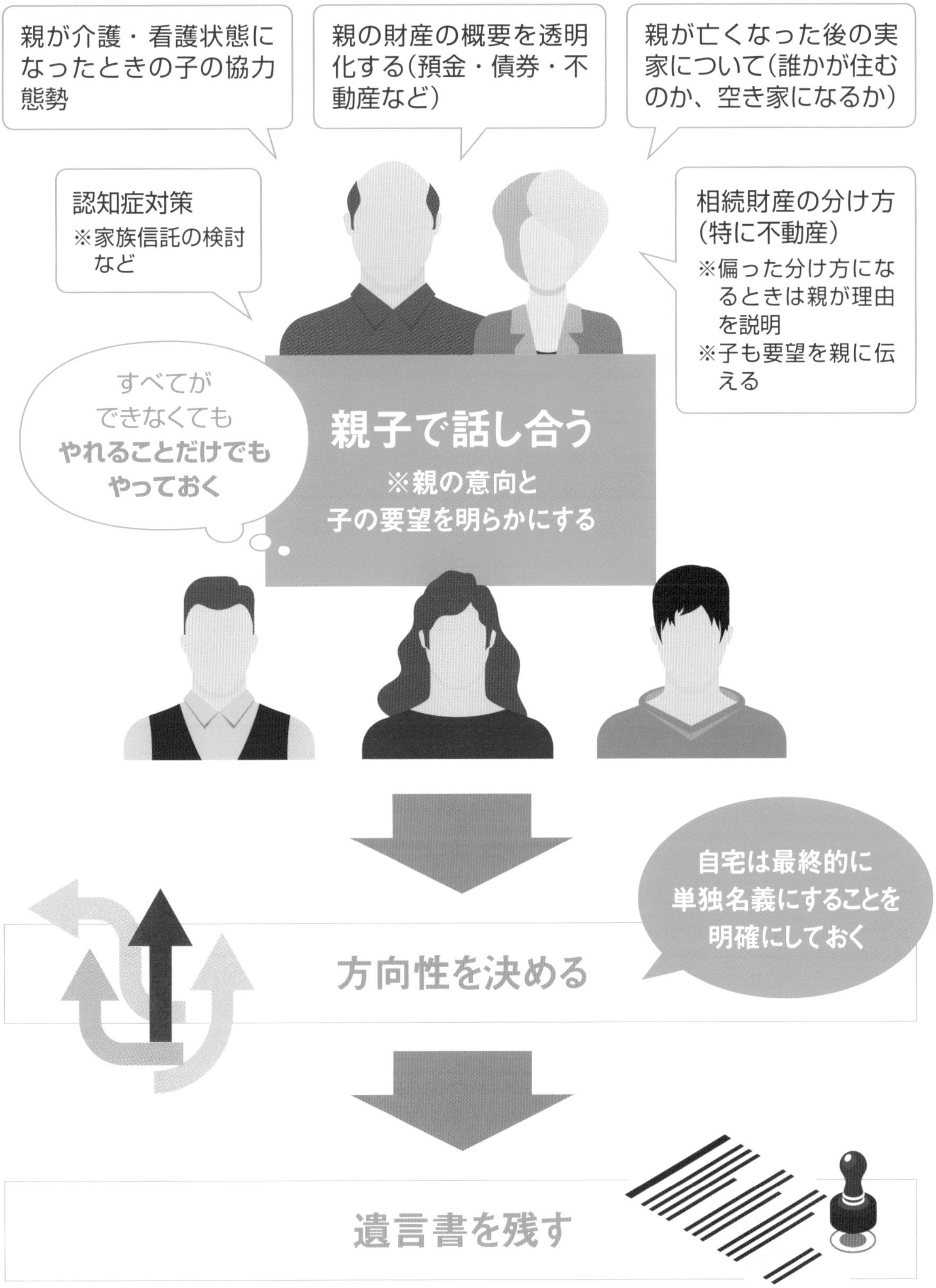
親が介護・看護状態になったときの子の協力態勢
親の財産の概要を透明化する（預金・債券・不動産など）
親が亡くなった後の実家について（誰かが住むのか、空き家になるか）
認知症対策
※家族信託の検討など
相続財産の分け方（特に不動産）
※偏った分け方になるときは親が理由を説明
※子も要望を親に伝える
すべてができなくてもやれることだけでもやっておく
親子で話し合う
※親の意向と子の要望を明らかにする
自宅は最終的に単独名義にすることを明確にしておく
方向性を決める
遺言書を残す

コラム

共有名義の固定資産税は住んでいる者が払うのか

共有名義不動産のトラブルでは、固定資産税の負担をめぐってもめることもあります。

固定資産税は、毎年1月1日に固定資産課税台帳に登録されている人（不動産登記簿に所有者として登録している人）に課税されます。所有者が亡くなっている場合は、相続人に引き継がれます。共有名義の場合、共有者の1人を納税代表者として届け出ますが、納税代表者は家の居住者でなくてもかまいません。届出がない場合は、市町村で納税代表者を指定し、市町村からの納税通知書は納税代表者に送付されます。納税代表者は、全額をまとめて支払うことになります。

もめやすい固定資産税の支払い

空き家の場合、手順としては納税代表者が共有者全員から各持分の金額を徴収して支払うか、いったん納税代表者が立て替えて払った上で、ほかの共有者から回収することになります。

共有者の1人が住んでいる場合は、住んでいる者が固定資産税を払っているのが普通でしょう。ほかの共有者も当然と思っており、金銭的負担がないことで利益の独占を許容します。ところが、時間がたつと居住者がほかの共有者に固定資産税の持分負担を言い出してもめるといったことはよく見られます。

滞納で財産差し押さえのリスクも

固定資産税の支払い義務は居住者だけにあるのではありません。共有者全員が持分に応じて負担する義務があります。ただし、持分に応じた納税通知書が送られるわけではありません。しかも、固定資産税を全額支払うことは共有者全員の連帯責任ですから、滞納した場合は、自分の持分だけを負担すればよいということではありません。

また、納税代表者が滞納すると、ほかの共有者に支払い請求が行きます。固定資産税の滞納を放置しておくと延滞税が発生するだけでなく、財産の差し押さえのリスクもあります。

差し押さえは事前通告なく、突然行われます。差し押さえが給与の場合、勤務先に税金の滞納の事実を知られてしまいます。住宅ローンなど金融機関からの借り入れがある場合は、一括返済を求められるので、自己破産してしまうおそれもあります。

住んでいなければ固定資産税を払う必要がないと勘違いしている人も多いので、気をつけなければなりません。

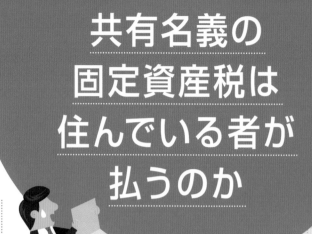

Chapter 3

知らないと大損する「借地権相続」への対処

借地権で相続した実家は制約付きの所有権になる

POINT

- ✓ 借地権付き建物では建物は借地人、土地は地主が所有権を持つ
- ✓ 建物が借地人の名義であっても建て替えや売却は自由にできない
- ✓ 地主は地代の請求や土地の売却はできても土地を自由に利用できない
- ✓ 借地権の相続では親からの契約の引き継ぎなど地主との関係が生じる

所有権が家と土地で分かれる

　借地権付き住宅は住宅全体の３％程度あります。決して多くはありませんが、相続した実家が借地権で建てた建物の場合は、通常の所有権の住宅とは違う問題も生じます。

　通常の所有権と借地権の違いは、図のようになります。借地権付き建物の大きな特徴は、建物の所有権は住宅所有者（借地人）、土地の所有権は地主というように、所有権が住宅（建物）と土地で分かれていることです。

　通常の所有権の建物であれば、土地も建物も制約はなく、自由に活用・売却できます。一方、借地権の場合、土地を利用する権利はありますが、建物については所有権があっても建て替えや売却を地主の許可なく勝手に行うことはできません。つまり、制約付きの所有権になるのです。

　一方、地主のほうも土地は制約付きの所有権になります。借地権が設定されている土地は「底地《そこち》」と呼ばれます。

　底地の場合、地代をもらう権利や自由に土地を売却する権利は持っていますが、土地を利用する権利は持っていません。土地の利用権は借地人が持っているからです。その意味では、地主が持っているのは所有権の一部としての底地権であるため、制約を受けることになるのです。

地主が絡む相続トラブルも

　借地権付き住宅を相続しても、相続自体は相続人だけの問題で、地主とは関係ありません。しかし、亡くなった親からの契約の引き継ぎ、代替わりに伴う地主からの要求（地代の値上げ、土地の返還など）といった地主との関係が必然的に生じます。

　地主との関係がスムーズにいかないと、共有名義のもめ事など、通常の相続トラブルに加えて、地主が絡んだ相続トラブルになりかねません。

所有権と借地権の違い（戸建て住宅）

通常の土地付き一戸建て

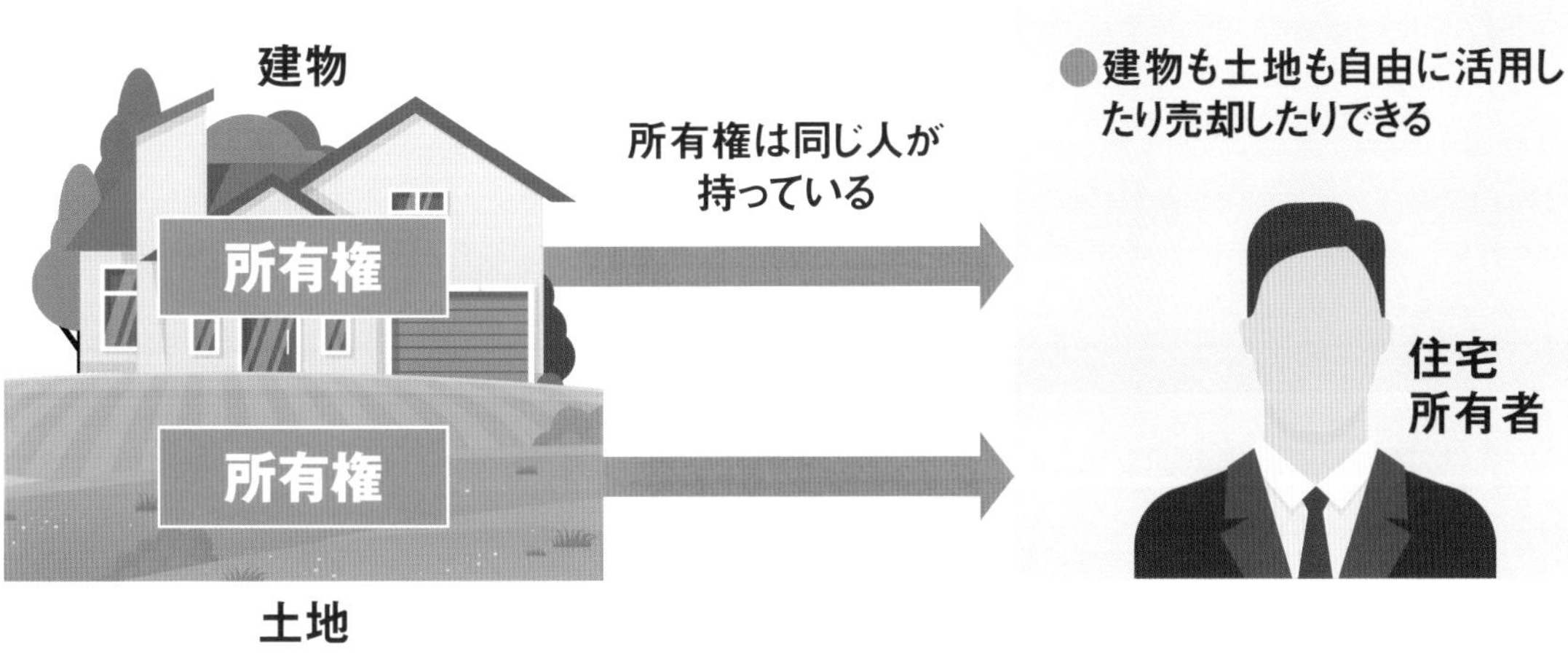
建物
所有権
所有権
土地
所有権は同じ人が持っている
●建物も土地も自由に活用したり売却したりできる
住宅所有者

借地権付き住宅

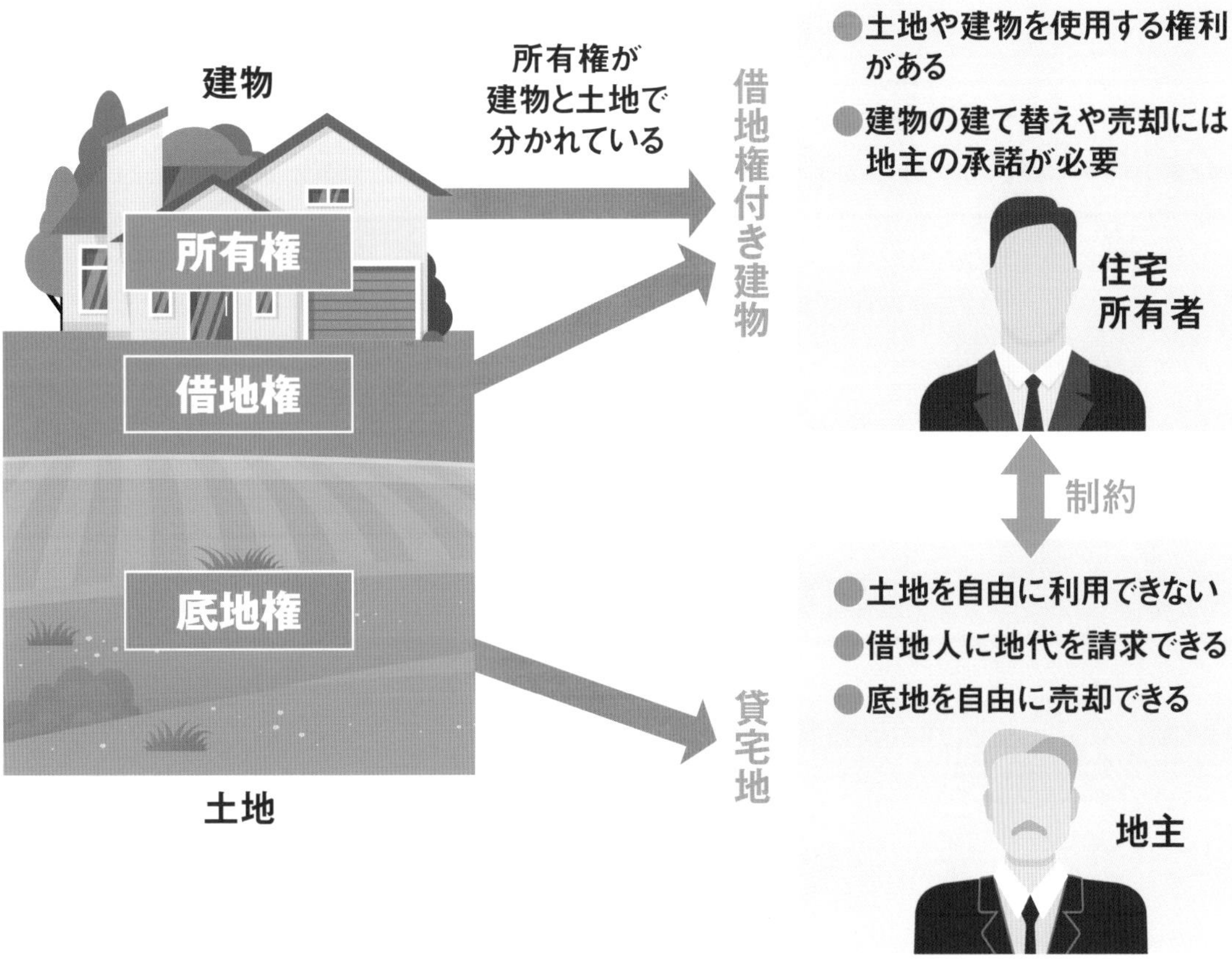
建物
所有権
借地権
底地権
土地
所有権が建物と土地で分かれている
借地権付き建物
貸宅地
●土地や建物を使用する権利がある
●建物の建て替えや売却には地主の承諾が必要
住宅所有者
制約
●土地を自由に利用できない
●借地人に地代を請求できる
●底地を自由に売却できる
地主

借地権は建物を建てるために借りる土地に発生

POINT

- 借地権は建物と一体となっていない土地には発生しない
- 借地権付き住宅の最大のメリットは土地の価格を抑えられること
- 通常の所有権の住宅と同じ感覚で住めるが制約は多くなる
- 売却や建て替えの承諾権を持つ地主が実態としては借地人より有利

建物がなければ借地権もなし

借地権とは土地を借りる権利ですが、仕切りを区切っただけの駐車場や野積みの資材置き場など、建物を建てない土地を借りても借地権は発生しません。借地借家法の適用がない、単なる土地の賃貸借契約になります。

もう少し正確に表現すると、借地権とは、「建物を建てるために地代を払って土地を借りる権利」のことです。つまり借地権は建物と一体となって発生する権利です。

そのため、借地権の設定されている土地上にある実家を相続する場合、住宅は「借地権付き建物」と呼ばれます。建物自体の所有権は借地人にあっても、土地と合わせて地主との共有不動産ですから、前述のように、通常の所有権の住宅よりも制約が多くなります。

立場上は地主が有利

では、なぜ制約の多い借地権付き住宅をわざわざ買う人がいるのでしょうか。それは、図に示したようなメリットがあるからです。

建物自体は居住者の所有なので、住んでいる分には通常の持ち家と感覚は同じです。しかも安く買えるので、便利な場所に建てられて、土地の出費を抑えられる分、グレードの高い家を建てることができるのが借地権の魅力です。

もちろんデメリットもあります。特に地主との関係で、制約が多く存在します。借地権は、平成4（1992）年に大きな改正があり、同年8月1日以降の新規借地借家契約からは新法が適用されています。ただし、改正前の契約は更新を含めて旧法が適用されるので、親の代から続く実家の相続では旧法の適用が多いでしょう。

新法は地主にいくらか有利な内容ですが、新法でも借地人に強い権利があることに変わりはありません。しかし、もともと売却や建て替えの承諾というカードを持っている地主が、新旧にかかわらず立場上は有利なのが実態です。

借地権付き住宅のメリットとデメリット

メリット

- 通常の完全所有権の住宅より安く購入できる
- 利用価値の高い物件（都市の中心部など）を安く購入できる
- 土地の価格を抑えられる分、高級な家を建てられる
- 更新を続ければ半永久的に借りられる
- 土地の固定資産税を納める必要がない
- 相続税の評価は低くなるので、相続税が安く抑えられる

デメリット

- 地代を払う必要がある
- 住宅ローンを組めない可能性がある
- 更新の際に更新料が必要なことが多い
- 建物（借地権）を売却するときは地主の承諾が必要（譲渡承諾料を請求されることが多い）
- 建て替えや増改築（大規模リフォーム）には地主の承諾が必要（承諾料を請求されることが多い）
- 借地権を第三者に売却しにくい

3 借地権の相続で生じる地主との関係と制約

POINT

- 相続自体は借地契約がそのまま引き継がれ地主との関係は生じない
- 相続後は地代の支払いや更新などで必然的に地主との関係が生じる
- 地代滞納を6カ月続けると借地権契約の解除を拒否できなくなる
- 主な制約は、借地権の売却や建て替えに地主の承諾が必要なこと

地主との関係が発生

借地権付き建物の実家を相続した場合、一般の所有権の実家相続と違うのは、土地（底地）は地主が所有していることです。

相続自体は身内だけの問題で、地主の承諾や承諾料の支払いなどは不要です。借地契約もそのまま相続人に引き継がれます。

しかし、相続後は地代の支払いや更新手続きなどで、必然的に地主との関係が発生します。そのため、借地権独特の手続きや制約が出てきます。

また、意外な落とし穴もあります。それは地代滞納による借地権の解除です。借地権は強い権利によって借地人を守っていますが、地代滞納を少しでも続けると契約解除になるリスクがあります。

明確な基準があるわけではありませんが、6カ月程度の地代の滞納があれば、よほど特殊な事情がない限り借地権契約の解除は認められます。2カ月の滞納で契約解除を認めた判例もあります。特に相続による代替わりのときは、知らないまま滞納が進まないように注意しなければなりません。

地主の承諾が大きな制約に

借地権付き住宅に生じる主な制約は「地主の承諾」です。例えば、借地権の売却、建て替え、大規模なリフォームなどを行う場合、承諾が必要なことに加えて、手数料も請求されることが一般的です。

借地権も通常の所有権の不動産と同じく、他者へ売却することができます。ただし、借地権の売却には地主の承諾が必要で、手数料として譲渡承諾料を請求されるのが一般的です。

なお、借地権が共有名義である場合、共有者同士の買い取りと売却には地主の承諾は不要です。しかし、自分の持分だけを売る場合でも、第三者への売却は地主の承諾がなければできません。また建て替えなどは地主の承諾だけでなく共有者全員の同意も必要です。

借地権の利用と地主が絡む主な制約

借地権の売却

地主の
承諾が必要

- 共有名義の場合、共有者同士の売買は地主の承諾は不要
- 共有持分だけを第三者に売る場合は地主の承諾が必要（所有権のように単独で自由に売ることはできない）

譲渡承諾料
（名義書換料・名義変更料などとも呼ばれる）

- **法的義務はないが、慣行的に要求されるのが実態（賃貸契約の礼金にあたる）**
- **売却価格（借地権価格）の10%程度が目安**

建て替え 大規模リフォーム

地主の
承諾が必要

- 共有名義の場合は、地主だけでなく、共有者全員の同意も必要

※変更行為にあたる
（p.36参照）

建て替え（増改築）承諾料

- **法的義務はないが、慣行的に要求されるのが実態（契約書に記載されていれば支払い義務がある）**
- **更地価格の3%程度が目安**

借地権トラブルは相続をきっかけに起こりやすい

POINT

- 相続で借地人が代替わりするときに地主との関係が悪化しやすい
- 親から子に借地権契約内容がきちんと引き継がれていないともめる
- 長年の付き合いの親に比べて相続した子は地主との関係が希薄になる
- 借地人の代替わりは地主にとって契約を見直すチャンスになる

相続時はリスクが高まる

契約関係は、借地人と地主の円満な関係あってのもの。そのため、借地権をめぐる地主とのトラブルは、相続を契機に起きがちです。なぜなら、借地人が代替わりすることにより、地主との関係が悪化するリスクが高くなるからです。

親から子へきちんと引き継がれない手続き的な面が原因となる場合もあるでしょうが、長年付き合いのあった親に比べて、相続した子はどうしても地主との関係が希薄になってしまいます。

地主は代替わり時を狙う

実は、借地人の代替わりは、地主にとって利益を得るよいチャンスになります。地代をなかなか上げられなかったり、土地を返還してもらえなかったりしてきた状況を変えられる機会だからです。

地主は、当然ながら土地をできるだけ有効に活用したいと思っています。借地権の土地からは地代によって利益を得ていますが、長い時間を経ていくうちに利益の効率が落ちてくることもあります。

例えば、地価上昇でその土地の価値が上がっても、地代の値上げは借地人の抵抗が強いので簡単には実行しづらい面があります。

地主としては、借地を返してもらって売却したり、自分で建物を建て替えて賃貸にしたりするほうが利益が上がると考えます。しかし借地借家法で強い権利に守られているため、地主の都合で自由に売却などを行うことはできません。

相続による借地人の代替わりは、こうした状況を変えて利益を高めたい地主にとっては好機です。相続をきっかけに契約内容を見直し、地代の値上げが提案しやすくなります。空き家になった場合は、相続人である子に土地の返還を申し入れる機会にもなるのです。

また、相続人である子のほうも、利用予定のない空き家を売りたいのに地主が認めないなど、利害がぶつかるリスクは高くなります。

相続時に起きやすい地主の要求

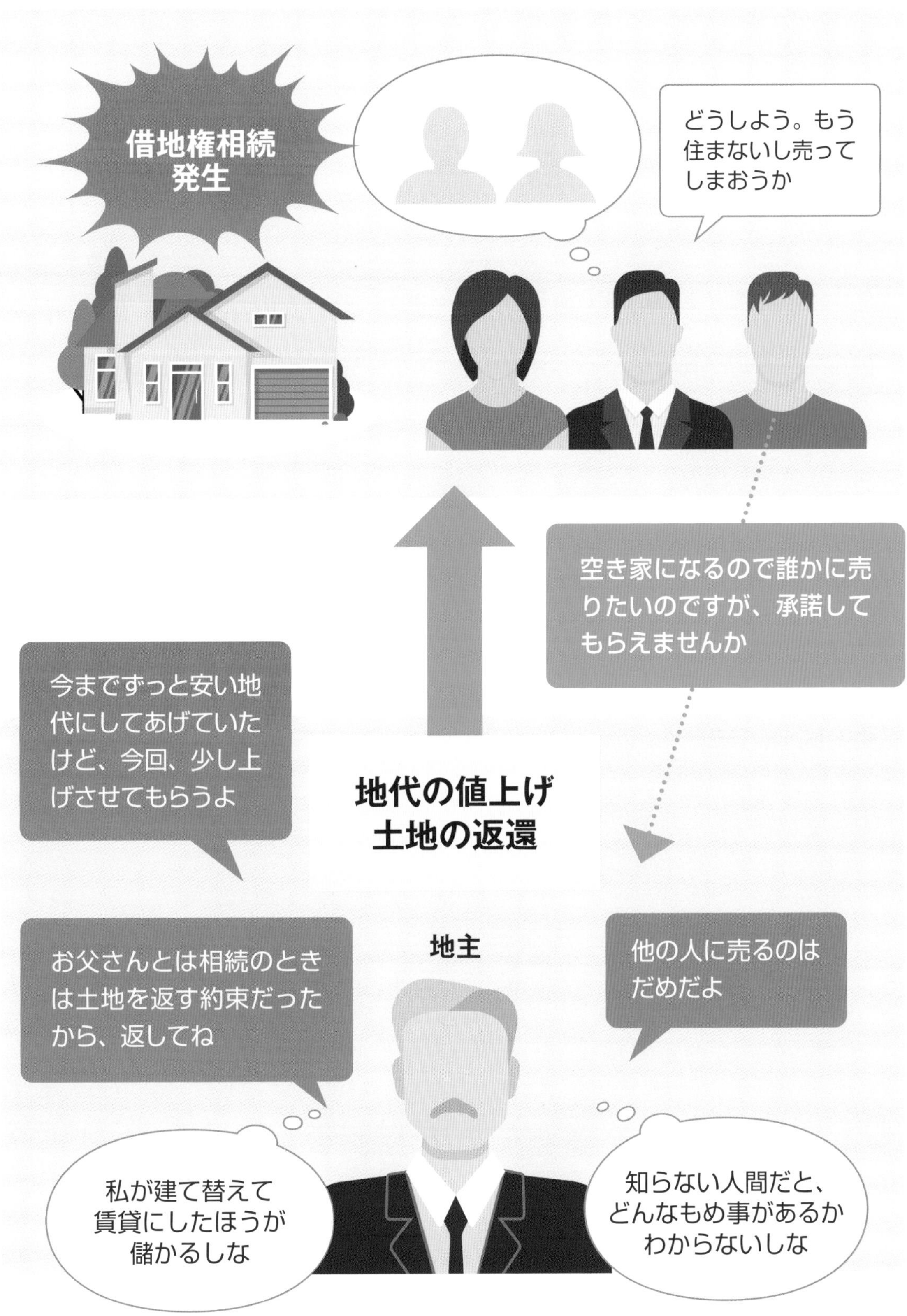

借地権相続
発生
どうしよう。もう
住まないし売って
しまおうか
空き家になるので誰かに売
りたいのですが、承諾して
もらえませんか
今までずっと安い地
代にしてあげていた
けど、今回、少し上
げさせてもらうよ
地代の値上げ
土地の返還
地主
お父さんとは相続のとき
は土地を返す約束だった
から、返してね
他の人に売るのは
だめだよ
私が建て替えて
賃貸にしたほうが
儲かるしな
知らない人間だと、
どんなもめ事があるか
わからないしな

地主と借地権でもめないための基本

POINT

- 良好な人間関係を親から継承することがトラブル回避の1丁目1番地
- 親から借地権契約の内容や双方の要望・課題などを確認しておく
- 法的に義務がなくても地主が気にすることは事前に伝えておく
- 親と地主がいくら仲が良くても、契約書がなければ文書化しておく

良好な関係を親から継承する

借地権相続に限りませんが、トラブルを防ぐ基本は、良好な人間関係を維持していくことです。

借地権相続でも、親が長い間築いてきた地主との良好な人間関係を、相続人である子がうまく継承していくことが最も重要です。そのためには、親が生きているうちから、子も地主と交流して人間関係を築いておくとよいでしょう。地主の子とも面識を持っておけば、お互いに代替わりしても良好な関係を維持できます。

もちろん、親からも借地契約の内容や、地主と借地人（親）の双方の要望・課題について聞いておきます。契約書には表れない双方の気遣いなども把握していれば、相続が発生したときに地主との手続きがスムーズに進みます。

事前伝達と文書化がポイント

相続したときの借地権の継承や少しのリフォームなどは、地主の承諾を受ける法的義務はありません。しかし、法的に問題ないことであっても、地主が気にするようなことは事前に地主に伝えておくことが大切です。こうした姿勢を見せることで、地主との関係がうまくいき、トラブルに発展することを防げます。

例えば、外壁の塗り替え程度なら大規模リフォームではないので、地主の承諾は必要ありません。しかし、通りすがりに見た地主は、大がかりな作業に感じて不快感を持つかもしれません。だからこそ、事前に伝えておけば、もめる芽を摘むことができるのです。

もうひとつ大切なのは、取り決めの文書化です。特に親の世代では、借地権契約といっても、文書による契約書は交わしていないことがほとんどです。

親の代ではそれで通っていても、文書がないと、地主が代替わりした際にトラブルの種になりえます。必ず文書を交わしておくようにしましょう。

地主とのトラブル回避のポイント

基本は良好な人間関係の維持

ああ、どうも
地主さん
こんにちは
なかなか
感じのいい人
じゃないか
例えば道で会ったら
こちらからあいさつを

法的義務がなくても事前に地主に伝えておく姿勢を持つ

- 相続による借地人の代替わり
- 小規模でも目立つリフォーム
- 共有名義の場合の地代の支払い者、共有者間の売買
- 将来の意向（第三者への売却、地主への売却希望など）

親の存命中から子も地主や地主の子と交流しておく

親から借地契約の内容や双方の要望・課題を聞いておく

契約書など文書がない場合は、必ず合意事項を文書で交わしておく

地主ともめてしまったときはこんな対策がある

POINT

- 地主と借地人がもめると感情的なぶつかり合いで収束が難しくなる
- 専門家が間に入ることで双方のガス抜きをしつつ合意へ導いてくれる
- 借地人は知識が乏しく地主の土地の返還や建物解体要求に応じがち
- 借地権は底地よりも価値が高く交渉すれば高額で売れる

専門家の仲立ちで活路を開く

トラブルになってしまうと、当事者同士ではなかなか折り合うのが難しくなります。感情のぶつかり合いになってしまうからです。

こんなとき、第三者が間に入ることで、話が動き出すことがあります。仲介を頼むのは、弁護士・司法書士・不動産業者などの専門家です。これらの専門家は、相手に対して感情のガス抜きをしながら、専門知識と経験で互いの合意へと導いてくれます。

例えば、相続のときは地主から土地の返還や建物の解体を求められることがよくあります。借地人は知識がないので、たとえ感情的に対立しても、結局は地主の言いなりで、土地の無償返還や自分の費用での建物解体に応じてしまったりします。

しかし、借地権は土地の返還を拒否できる制度ですし、返さないなら解体費用を負担する必要もありません。返す場合には解体して更地にしなければなりませんが、知識があいまいな借地人は混同してしまうのです。

何よりも、借地権の何千万円という売却価値をみすみす無償で手放すことになってしまいます。こうしたことを熟知している専門家を通して交渉すれば、不要な費用をかけずに済み、借地権の売却による相応の収益も得られるのです。

可能なら等価交換で解決も

状況によっては、等価交換が提案できる場合があります。

一般的には、借地権のほうが底地より価値が高いので、土地をそのまま等分した場合は、地主が有利になってしまいます。そこで、下の図にあるように比率を決めて調整した等価交換が行われます。

また、詳しい説明は省きますが、借地権を第三者に売るときに地主が承諾しない場合、借地非訟（p.82 Q&A参照）という申し立てで裁判所の許可を得るという最終手段があることも知っておきましょう。

等価交換のイメージ

単純な等価交換

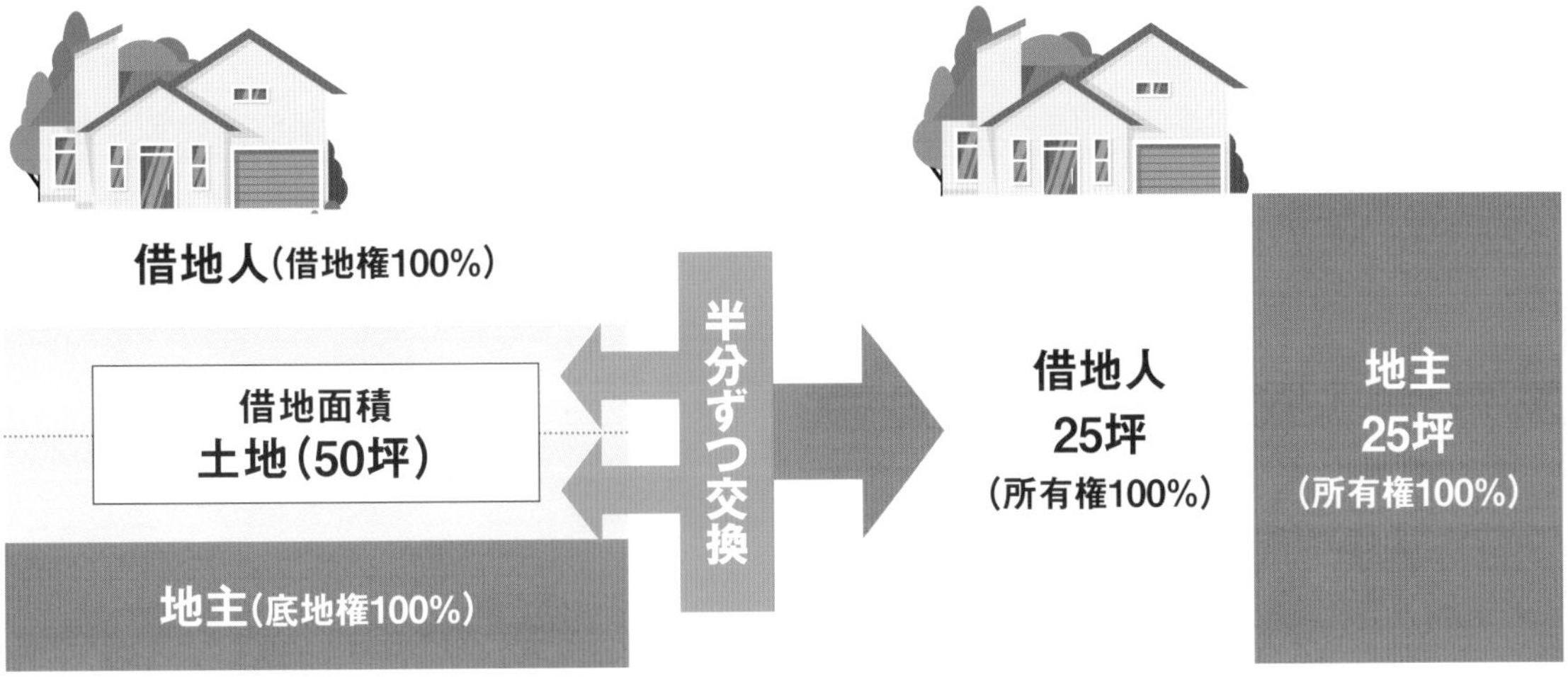
借地人（借地権100%）
借地面積
土地（50坪）
地主（底地権100%）
半分ずつ交換
借地人
25坪
（所有権100%）
地主
25坪
（所有権100%）

借地権と底地権のバランスを調整した等価交換

評価額　土地（50坪）：1000万円　借地権：600万円　底地権：400万円

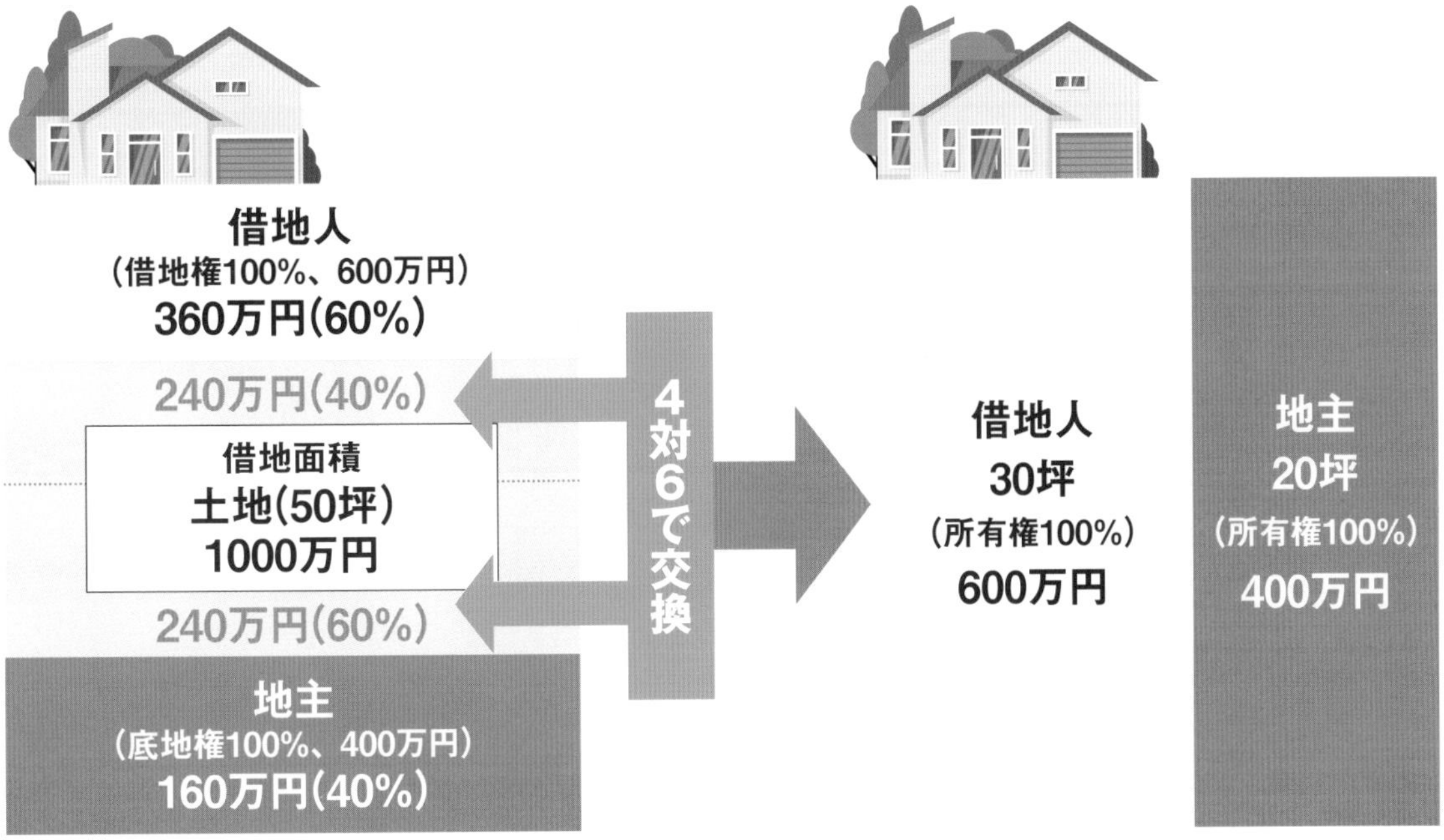
借地人
（借地権100%、600万円）
360万円（60%）
240万円（40%）
借地面積
土地（50坪）
1000万円
240万円（60%）
地主
（底地権100%、400万円）
160万円（40%）
4対6で交換
借地人
30坪
（所有権100%）
600万円
地主
20坪
（所有権100%）
400万円

※借地人＝借地権評価額（600万円×60%）＋底地権評価額（400万円×60%）＝360万円＋240万円＝600万円
　地主　＝底地権評価額（400万円×40%）＋借地権評価額（600万円×40%）＝160万円＋240万円＝400万円
※単純な等価交換では、借地人500万円、地主500万円となり地主が有利

共有名義借地権は地主と共有者が三つ巴のバトル

POINT

- すべての相続財産と同様に借地権も相続人の共有名義となる
- 通常の所有権と同じく借地権の共有名義もトラブルの原因になる
- 共有者同士だけでなく地主ともトラブルになるのが借地権の特徴
- 自分の持分だけ売るにも地主の承諾がいるので解決がより複雑になる

相続では借地権も共有名義に

実家の相続が発生すると、借地権も相続人全員の共有名義になります。共有名義をめぐって相続人の間でトラブルが起こるのは、通常の所有権と変わりありません。そのため、最終的には共有名義の解消が対策となります。

ただし、借地権には地主との関係が絡んでくるので、トラブルがより複雑になります。さらに、借地権の場合は、所有権にはない制約が相続トラブル解決の障壁となることにも注意しなければなりません。

売却で地主と三つ巴の争いに

借地権の共有名義と地主が絡んだ代表的なトラブルは、「借地物件の売却」に関して起こります。

例えば、借地権の実家を相続しても空き家になる場合は、たいてい売却を考えます。しかし、借地権付き建物の売却には地主の承諾が必要です。地主は売却を拒むことが多く、結果的に借地人とトラブルになるのです。さらに、売却をめぐる共有者同士の意見の違いも要因となり、地主も含めた三つ巴の争いになったりします。

通常の所有権であれば、共有名義でもめた場合、自分の持分だけを第三者に売ることができます。しかし、借地権の場合は、自分の持分だけを売る場合であっても地主の承諾が必要になるのです。

例えば、共有者が3人（長男・長女・次男）の借地権付き住宅の実家を売却することになったものの、売却価格や配分などで合意がなかなかまとまらないとします。協議に嫌気がさした長女が自分の持分だけを売りたいと思っても、第三者への売却を嫌う地主は承諾しないのが普通です。

こうして、長女には他の共有者（長男・次男）との争いに加えて、地主の売却の承諾拒否というハードルが立ちはだかってくるのです。これは通常の所有権の共有名義より複雑なトラブルとなります。

借地権の相続では共有名義トラブルと地主とのトラブルが同時に起こる

借地権付き住宅で
空き家の実家を
売却希望

共有者同士のトラブル
相続した共有者
取り分は半分は俺、残りは2人で分けてくれ
長男
3等分でなくていいから、早く売りましょ
長女
3等分にすべきだし、値上がりするまで少し様子を見たほうがいい
次男
+
地主とのトラブル
私の持分だけ誰かに売りたいんですが
長女
やってられないわ!
他人に売るのはだめだよ。まして一部だけなんてとんでもない
地主

解決策

共有者同士の合意(いったん長男の単独名義にするなど)を得た後に地主に売却の承諾を求める

※共有名義を解消して一本化することには地主の承諾は不要
※地主が売却の承諾をしない場合は、借地非訟(p.82 Q&A参照)による裁判所の許可申し立ても検討する
※借地権の共有者のことを正確には「準共有者」と呼ぶ。一部の準共有持分を第三者に売却する場合も地主の承諾が必須だが、共有者間のトラブルが予想されるため地主は一部の持分だけの譲渡を許可しない傾向にある

地主ともめないための借地権契約のポイント

POINT

- ☑ 借地権契約は必ず避けるべきでもなく、うまく活用すれば利点もある
- ☑ 日常から地主との人間関係を良好に保つように心がける
- ☑ 借地権契約の際には更新料などの重要な取り決めを必ず書面で交わす
- ☑ 相続に備えて子（相続人）に借地契約の内容をきちんと継承しておく

借地権の利点をうまく活用

借地権は地主との制約が多い契約です。ただし、借地権契約は絶対に避けるべきものでもありません。メリットに目を向ければ、借地権にもなかなか魅力があります。

まず借地権付き住宅は、通常の土地付き一戸建てより安く購入できます。立地も生活に便利なところにあることが多いのです。さらに将来的に相続となったときも、相続税評価は所有の一戸建てよりも安くて済みます。

このように、通常の住宅所有よりも利点があり、借地といいながら半永久的に更新ができるので、その点では土地所有の持ち家と変わりはありません。

地主と書面を交わすのが必須

借地権を問題なく更新し続けるカギとなるのは、地主との人間関係です。人間関係を良好に保つための意識を持ち、相手に真摯な姿勢を見せることが大切です。

例えば、地主と借地人は利害関係が正反対なので、感情的なトラブルになりやすい宿命を持っています。地主は「土地を貸してやっている自分のほうが偉い」と思っていますし、借地人は「地代を長い間払って地主に儲けさせてやっている」という感覚です。

トラブルのいちばんの火種は感情ですから、道で会ったらこちらからあいさつするとか、家族同士の交流をしておくといった日常生活の中で信頼関係を築いておくことも重要です。また、法律上の義務はなくても、相続時の報告や、他人への賃貸などの報告もしておくと関係が円滑になります。

こうした信頼の土台を築きながら、地代や更新料、リフォームなどの取り決めをしっかりつくっておくことも忘れてはなりません。また、取り決めは書面で交わしておくことが、トラブルを避けるために必須となります。なお、相続では借地権内容をしっかり相続人に継承しておくことも重要です。

借地権をうまく活用するための注意点

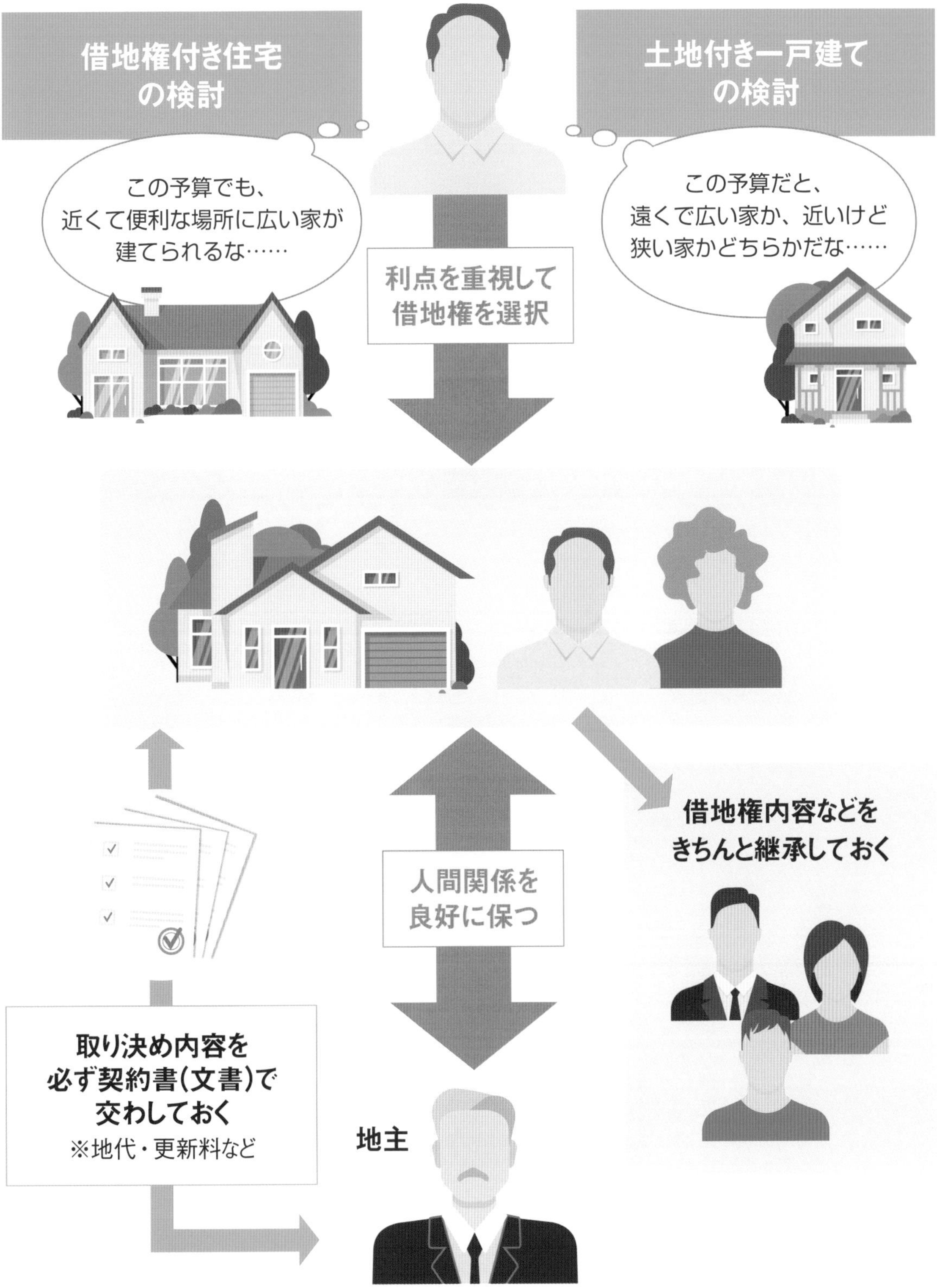
借地権付き住宅の検討
この予算でも、近くて便利な場所に広い家が建てられるな……
土地付き一戸建ての検討
この予算だと、遠くで広い家か、近いけど狭い家かどちらかだな……
利点を重視して借地権を選択
借地権内容などをきちんと継承しておく
人間関係を良好に保つ
取り決め内容を必ず契約書（文書）で交わしておく
※地代・更新料など
地主

借地権トラブル回避策を地主の立場から見てみる

POINT

- 地主が抱く不満や不安を知ることは借地人にとっても重要
- 借地人の相続は土地の返還や売買を持ちかける千載一遇のチャンス
- 立場上強いはずが更新料の減額などを要求されるケースも増えている
- 重要な契約を詳細に記載した契約書を交わすのがトラブル回避に大切

地主が抱く不満や不安とは

ここでは、視点を変えて地主の立場から借地権トラブルを見てみましょう。地主が借地人に対してどのような不満や不安を持つかを知ることで、借地人もトラブル回避策のヒントが得られます。

「土地を貸したら、二度と戻ってこない」という揶揄に、地主の不満・不安が凝縮されています。地主の立場から見た借地のメリット・デメリットは図のようなものです。デメリットの大部分は、借地人と裏返しの関係にある、土地の活用に関する制約です。

契約書に詳細を記載する

通常の借地権は、借地借家法で守られた強い権利です。そのため、よほどのことがない限り、契約の更新は永遠に保証されています。地主の立場からすれば、貸したものが返ってこないのは理不尽だと感じるでしょう。

そこで、地主にとっては、何十年に1回しか訪れない更新時期や、借地人の相続発生時は、土地の返還や借地人との売買を持ちかける絶好のタイミングとなります。

地主が底地を売りたいと思った場合、いちばんメリットのある借地人に売却するのが好ましいでしょう。逆に、借地人から売却の話が出たなら、地主が買い取ることで穏便に事が収まります。

もちろん、土地を貸し続ければ、定期的な更新料や建替承諾料などの収入も期待できますが、必ずしも地主が希望する条件での一時金が得られるとは限りません。逆に、契約更新のタイミングで借地人から減額を要求されたり、更新料の支払いを拒絶されたりするようなケースも最近では増えています。

こうしたことを防ぐには、借地人と地主の間で専門家の意見を取り入れた土地賃貸契約書を交わし、重要な契約内容を詳細に記載（更新料は借地権価格の10%、建替承諾料は更地価格の5%など）することが最も大切でしょう。

地主の立場から見た借地のメリット・デメリット

メリット

- 地代という安定した収入が得られる
- 更新料や建替承諾料、
  譲渡承諾料などの一時的な収入が得られる
- 建物に対する投資が不要
  (借地人が建物を建てて維持・管理する)
  →建物の固定資産税・保険料・修繕費などの負担がない
- 土地の固定資産税が更地より安い(更地より6分の1に減税)
- 管理の手間や費用がほとんどかからない

デメリット

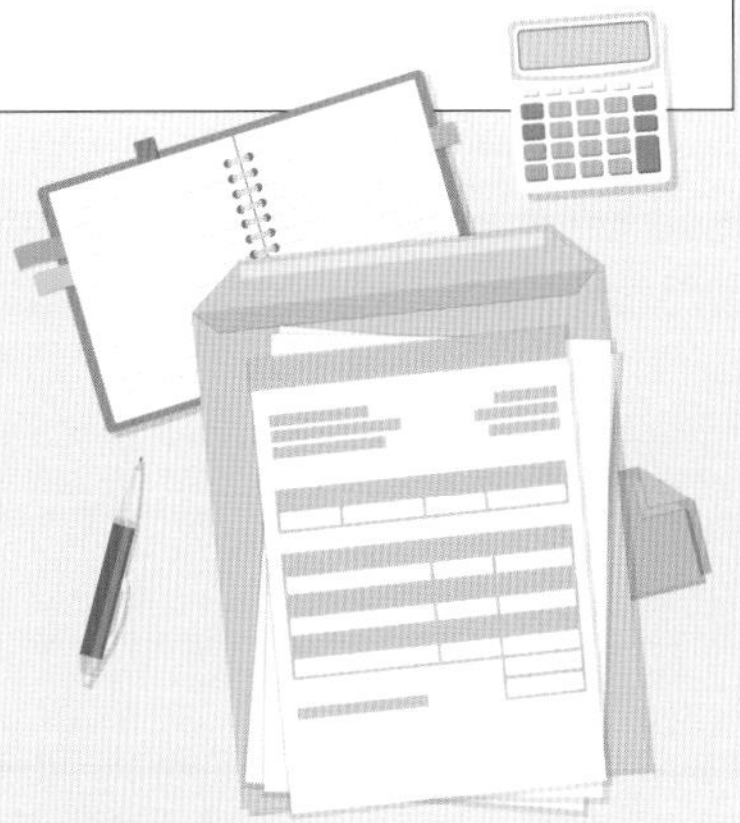

- 土地活用に比べて収益性が低い
  →賃貸建物の家賃より低くなる
- 土地の利用が自由にできない
  →長期間にわたり借地権の制約を受ける
- 地代滞納のリスクがある
- 借地人とのトラブルのリスクがある
- 底地の売却は更地に比べて格段に安くなる(更地価格の10〜15%)
- 底地を担保に融資を受けることはほぼ不可能
  →更地の土地評価にならないため
- 相続対策の効果が薄い
  →底地(貸宅地)の相続税評価額は更地より下がるが、
  それでも実勢価格より相続税評価は高くなる(過剰な評価がなされる)

Q&Aで理解する借地権に関するよくある疑問

Q 相続時に土地の返還を要求されたら返さなければならないか

A 土地の返還に応ずる義務はない

相続のとき地主から土地の返還を求められたら、建物を解体して更地で返さなければならないと思い込んでいる人がよくいます。

しかし、その土地に借地権による建物が建っているなら、借地借家法によって守られているため、借地人は地主に土地を返す義務はありません。たとえ更新時であっても、法律上は返還を拒否できるのです。相続によって借地人が代替わりしても、借地権はそのまま相続人に引き継がれます。

ただし、定期借地権の場合は、契約期間が満了したときには地主に返還しなければなりません。

また、「土地を返してくれるなら建物の解体費用はいらない」と地主から持ちかけられて、考えなしに応じてしまうケースもよくあります。ですが、土地を返さなければ解体費用もいりません。

土地を返すなら建物を解体し、更地にして返さなければなりません（原状回復義務）。しかし、土地を返さなければ解体の必要もありませんし、返してしまったら無償で借地権の価値を地主にあげてしまうことになるのです。

Q 借地権の契約期間には決まりがあるのか

A 木造建物の場合は、原則30年だが20年でも可能。更新後の期間は原則20年（新法は2回目から10年）

旧法の場合（平成4年8月1日より前の借地契約）、木造住宅（非堅固な建物）の借地契約の期間は原則として30年となっています。ただし、双方の合意により定めた場合は、20年以上の期間とすることもできます。

また、更新後の期間は原則20年ですが、双方の合意があれば20年を超える期間を定めることも可能です。

一方、新法の場合（平成4年8月1日以降の借地契約）、建物の堅固さの区別なく借地契約の期間は原則として30年となっています。ただし、双方の合意により定めた場合は、30年を超える期間とすることができます。

また、更新後の期間は、初回が20年、2回目以降は10年となるのが原則です。ただし、双方の合意があればこれより長くすることもできます。

そのほか、借地権の契約期間のルールは図の通りです。

Q 更新料や譲渡承諾料などは支払いの義務があるか

A 法的義務はないが慣行的に支払われていることが多い

借地権付き建物では、地代以外にも、更新時に更新料、建替（増改築）時に建替（増改築）承諾料、売却時には譲渡承諾料などを承諾

借地権の契約期間のルール

旧法

原則

- **堅固な建物**
  （レンガ造り、鉄筋コンクリート〈RC〉造り）
  借地契約期間　60年
  更新後の期間　30年
  → 当事者の合意：30年を超える合意した期間
- **非堅固な建物**（木造その他の建物）
  借地契約期間　30年
  更新後の期間　20年
  → 当事者の合意：20年を超える合意した期間

平成4（1992）年8月1日より前に締結された借地契約

新法

原則

- **普通借地権**
  借地契約期間　30年
  更新後の期間　初回　20年
  2回目以降　10年
  → 当事者の合意：それぞれの原則期間を超える合意した期間

※ 建物の堅固さによる区分はなし

- **定期借地権**
  借地契約期間　50年以上
  更新不可（更地にして返還）

※ 一般定期借地契約の場合

平成4（1992）年8月1日以降に締結された借地契約

の対価として地主から請求されるのが一般的です。

　これらは法律的な義務ではありませんが、慣行として一般的に広く行われているのが実態です。慣行として定着しているのには、それなりの理由もあります。

　ひとつは、借地権付き建物の売却や建て替えのときには、承諾というカードを持っている地主が借地人より強い立場にあるからです。更新料を払うことによって、建物の使い方に口出しされないようにしたり、譲渡承諾料を支払うことで売却の承諾を得やすくするといったトラブル回避の意味があるのです。

　また、こうした手数料を払うことによって地主との関係を良くし、信頼関係を築く手段としての意味もあります。

　なお、契約書に更新料の支払いが明記されていれば、判例からみても支払う義務があります。ただし、法外な金額を請求された場合などは、法的手段も可能です。

Q　更新料や譲渡承諾料などの基準はあるのか

A　手数料の種類により異なるが、目安となる水準はある

　更新料や譲渡承諾料などの手数料は法的な規定はなく、任意でやり取りがなされています。そのため、価格は当事者同士の取り決めになりますが、目安としての基準はあります。

　一般的な目安は、①更新料は借地権価格の5％程度、②譲渡承諾料（売却承諾料）は借地権価格の10％程度、③建替承諾料や増改築承諾料は更地価格の3％程度です。

Q　借地権と底地の価格は更地に対してどのくらいか

A　地域差はあるが借地権のほうが底地に比べてかなり高い

　更地の価格に対する借地権価格の割合を「借地権割合」といいます。地域によっても異なりますが、

借地権割合と底地権割合

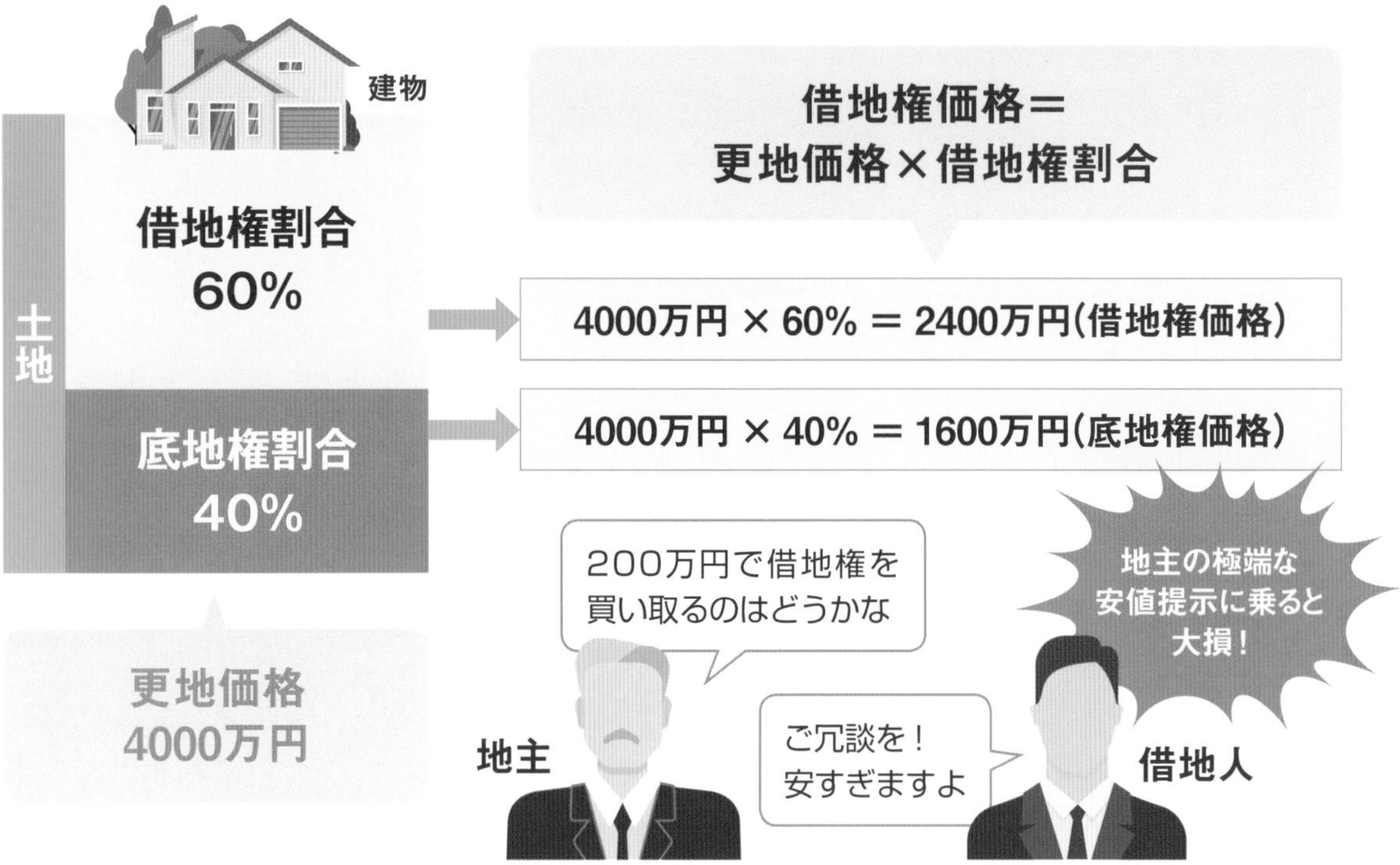
建物
土地
借地権割合
60%
底地権割合
40%
更地価格
4000万円
借地権価格＝
更地価格×借地権割合
4000万円 × 60% ＝ 2400万円（借地権価格）
4000万円 × 40% ＝ 1600万円（底地権価格）
200万円で借地権を
買い取るのはどうかな
地主の極端な
安値提示に乗ると
大損！
ご冗談を！
安すぎますよ
地主
借地人

住宅地であれば借地権割合は50〜60%です。一般的に地価が高い地域ほど借地権割合が高く、東京などの大都市の商業地では80〜90%にもなります。

借地権価格は、「更地価格×借地権割合」で目安が計算できます。標準的な指標としては、いわゆる路線価図※に記載されている借地権割合が参考になります。路線価図の借地権割合は国税庁のホームページで閲覧できます。

一方、底地は更地価格の1割か2割程度が一般的で、借地権に比べてかなり安くなります。

Q 借地物件の実家の賃貸に地主の承諾は必要か

A 賃貸であれば第三者に貸しても地主の承諾は不要

建物の売却や借地権を貸す（転貸の）場合、地主の承諾が必要です。しかし、建物を賃貸で第三者に貸す場合は借地権を貸すのではないため、地主の承諾は不要です。

ただし、地主との信頼関係を損なわないよう、地主に報告しておくべきです。地主は賃貸を拒否できないので、仮に契約書に禁止の記載があっても無効になります。

Q 借地権を第三者に売るときの借地非訟とは何か

A 地主の承諾に代わる許可をもらう裁判所への申し立て

借地非訟とは、借地権を第三者に売ることを地主が承諾しない場合の対抗手段です。この申し立てを裁判所に行うことで、地主の承諾に代わる許可を得ることができます。この手順を踏めば、裁判所が否認することはまずありません。

ただし、買う契約が成立している（所有権は移転していない）ことが条件です。つまり、買い手を見つけて売買契約ができている必要があります。また、売り主しか申し立てできないので、買い手が申し立ててから売り主に交渉することはできません。

［※］路線価図：路線（道路）に面する標準的な宅地の、1㎡あたりの評価額＝路線価が掲載された地図

Chapter 4

将来の実家の不動産相続をトラブルなく終えるために

相続で家族が崩壊しないための心がけと対策

POINT

- “心がけ”をベースとして“手続き的対策”を進めるのが大切
- 「心がけの6カ条」で感謝の心・譲り合いの気持ちを醸成しよう
- 手続き的対策は無理をせずやれることから進める
- 相続に精通した専門家に相談しておくこともトラブル防止に有効

〝心がけ〟こそ円満のベース

相続でもめる根底には「身内同士の感情のぶつかり合い」があります。いくら親が遺言書を書いたり、取り決めをしたりしていても、お互いが気持ちよく納得していなければうまくいきません。

ということは、円満に相続を済ませ、以後も仲良く身内の交流を保っていくためには、お互いを思いやる〝心がけ〟が大切なベースとなるのです。

こうした心がけの目安を6カ条にまとめてみたのが図の上段です。ともすると財産の権利だけに目が行きがちですが、相続とは財産とともに家の歴史も受け継いでいくことです。そう考えればお互いに感謝し、譲る気持ちも湧いてくるのではないでしょうか。

手続き的な対策も進めておく

一方で手続き的な対策も進めておく必要があります。〝心がけ〟と〝手続き的対策〟は円満な相続を支える車の両輪です。

いくら仲の良い家族でも、事情が変われば感情的な対立が起きないとは言い切れません。将来の対立を防ぐためにも、手続きによる歯止めは必要です。

手続き的対策とは、具体的には、図の下段に示したような内容です。親がなかなか財産を開示したがらないなど、必ずしも簡単にはいかないかもしれません。しかし、すべてはできなくても、やれることだけでも少しずつ進めておくことが大切です。特に、遺言書を残してもらうことは、今後ますます重要になってきます。

また、相続トラブル防止のために専門家に相談したり、必要な手続きをしたりしておくことも対策のひとつです。

例えば、相続や贈与の税金なら税理士、遺言書の書面作成なら司法書士などの専門家がいます。ただ、専門家を選ぶときは相続に精通しているかどうか、得意分野をよく確認する必要があります。

円満な相続は「心がけ」と「手続き的対策」が両輪になる

心がけ

心がけの6カ条

1. 相続人になる人は少しずつ譲り合う心を持つ
2. 遺産分割に相続人以外の人を入れない
3. お墓を守ってくれる人にはそれなりの配慮を
4. 生前贈与は公平・平等を基本とする
5. 親の介護負担は兄弟姉妹みんなで均等に
6. 親と同居している兄弟姉妹には感謝の気持ちを！

＋

手続き的対策

- 親子を交えた家族全員で話し合い、親の意向や子の希望などを伝え合い、全員の確認をしておく
- 親の財産の概要を把握しておく
- 親に遺言書を書いてもらう
- 親が介護状態になったときの備えをしておく
  →家族信託や成年後見の検討
- 専門家にアドバイスを受けておく
  →税理士・司法書士・弁護士・不動産鑑定士など
- 相続手続きの概要を知り、必要なことを把握しておく

すべては無理でも、
やれることだけでも
進めておくことが大切

＝

**家族が崩壊しない
円満な相続**

相続トラブルの回避に遺言書の効果は大きい

POINT

- ✓ 権利意識が高まり遺言書はトラブル防止にますます重要となる
- ✓ 遺言書はトラブル回避策の中でも法的に具体的効果のある切り札
- ✓ 最近の法改正により自筆証書遺言がかなり使いやすくなった
- ✓ 遺留分侵害を子に納得させてトラブルを防ぐのも遺言書の大切な役割

遺言書の重要性が増してきた

相続トラブル自体は昔からありましたが、時代の移り変わりとともに相続トラブルの内容も変化し、もめる要素も増えてきました。

家から個への意識の変化に加え、経済的にも相続財産に期待するようになったこともあります。

相続トラブル回避策の中でも、遺言書は法的効力を備えた有力な切り札となります。

遺言書には、主な種類として自筆証書遺言と公正証書遺言があり、主な特徴は表の通りです。

自筆証書遺言は、財産目録をパソコンなどで書くことができるようになったり、法務局で保管してくれる制度ができたりと、最近の法改正によってかなり使いやすくなりました。

遺留分侵害対策の役割もある

遺言書があっても遺留分侵害は認められません。遺留分とは、相続人が最低限取得できる持分の権利です。法定相続分の２分の１が遺留分となります。

例えば、相続財産６０００万円（実家不動産５０００万円、預金１０００万円）を長男５０００万円、長女に５００万円、次男に５００万円渡すと遺言書に書き、家を継ぐ長男に実家分をすべて渡したいと思ったとします。

しかし、遺留分は法定相続分の２分の１ですから、各１０００万円になります。もし、差額である５００万円の補てんを長男が拒否しても、長女と次男は遺留分として請求する権利があるのです。

以前は持分の現物返還請求しかできなかったので、まとまらないと実家が共有名義になってしまう不都合がありましたが、法改正により現在は遺留分侵害請求として金銭の請求が可能になり、共有名義回避はしやすくなりました。

しかし、遺留分侵害であっても、そうしたい理由があれば、親が書いて伝え、納得を促すことも遺言書の大切な役割です。

自筆証書遺言と公正証書遺言の違い

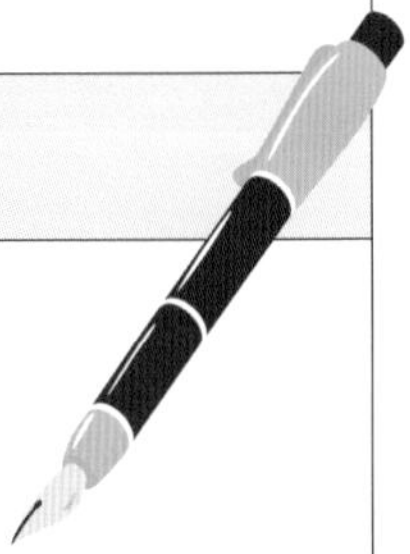

遺言書の種類	自筆証書遺言	公正証書遺言
作成方法	本人が遺言の全文・日付・氏名を自書（パソコン・代筆不可）し、押印する ※財産目録はパソコンなどでの作成や通帳のコピー添付も可	本人と証人2人で公証役場に行き、本人が遺言内容を口述して公証人に記述してもらう
証人	不要	2名以上
検認	不要（法務局で保管する場合） 必要（法務局で保管する以外の場合）	不要
開封	封印がある場合は家庭裁判所で相続人などの立ち会いのもとに開封 ※法務局で保管する場合は封印ができないので開封手続きは不要	開封手続きは不要
メリット	●費用があまりかからない ●遺言の存在と内容を秘密にできる ●法務局（遺言保管所）保管のメリット ①死亡後に遺言書の存在を法務局に確認でき、閲覧や証明書の交付が請求できる ②相続人の1人が閲覧請求などを行うと他の相続人に保管が通知され、遺言書の存在が相続人など全員に明らかになる	●原本は公証役場に保管なので安心 ●遺言の存在と内容を明確にできる
デメリット	●紛失や偽造・変造、要件不備のおそれがある ※法務局で保管すれば回避できる	●自筆証書遺言に比べ費用がかかる ●遺言内容を秘密にできない

（注）1. 検認とは、相続人に対して遺言の存在と内容を知らせ遺言書の要件を家庭裁判所に確認してもらう手続き
2. 上記は通常の普通方式遺言だが、危篤時などに認められる特別方式遺言もある

遺言書は法的な決まりを満たしていないと無効

POINT

- 不公平な相続を親が望む場合に遺言書は切り札として機能する
- 遺言書の内容には法的拘束力があり相続人は従わざるを得ない
- 法務局で保管の場合は自筆証書遺言でも法的要件は確認してもらえる
- 付言事項は遺産の増減理由を示して相続人の納得を得るために必須

遺言書が機能するケースとは

特に、次のようなケースでは、遺言書がトラブル回避の切り札として機能します。

・配偶者に多く相続させたい
・世話になった子供に貢献度に合わせた相続をさせたい
・先妻との間に子供がいる
・現金が少額で主な財産が不動産

これらの相続は、どうしても不公平が生ずる内容になり、親が望んでもトラブルが起きやすいケースです。しかし、遺言書で具体的に指定しておけば法的効力が生じ、相続人である子供たちは従わざるを得ません。

法的不備に気をつけて書く

せっかく遺言書を書いてあっても、法的に有効でなければ役に立ちません。

公正証書遺言であれば専門家が書いてくれるので、法的不備で無効になる心配はありません。

しかし、自筆証書遺言の場合は、法的な要件（決まり）を満たしているかを必ず確認する必要があります。法的な要件といっても、日付が入っていて、かつ特定できるなど、それほど難しいものではありません。なお、自筆証書遺言でも、法務局で保管する場合は、法的な形式要件はチェックしてもらえるので安心です。

遺言書の書き方の例と基本的な注意点は、図のようになります。作成方法と押さえるべきポイントは次の5つです。

①法的に有効な遺言書である
②財産目録をつくる
③遺留分に気をつける
④付言事項を必ず付け加える
⑤公正証書遺言か自筆証書遺言か

特に、④の付言事項は非常に重要で、主に遺産の増減理由を書きます。この増減理由を明確にしておくことが、もめないためのポイントです。相続人たちが納得する理由が書いてあれば、たとえ遺留分を侵害するものであっても争いを回避することができます。

遺言書の書き方の例と基本的な注意点

遺言書

遺言者 松原一郎は次の通り遺言をする。

1. 下記の自宅土地および建物は、妻松原昌子に相続させる

①土地

所在	東京都世田谷区○○1丁目
地番	○○番○○
地目	宅地
地積	○○平方メートル

②建物

所在	東京都世田谷区○○1丁目○○番○○
家屋番号	○○番○○
種類	居宅
構造	木造瓦葺2階建て
床面積	1階 ○○平方メートル
	2階 ○○平方メートル

住所と所在は異なることがある。登記簿に記載された所在・地番・家屋番号を書く
※特定できることが必要

2. 遺言者名義の預貯金（下記）は妻松原昌子に2分の1、長男松原昌一に4分の1、長女竹田昌美に4分の1を相続させる

○○銀行○○支店（口座番号1234567）
△△銀行○○支店（口座番号2345678）
□□銀行○○支店（口座番号3456789）
××銀行○○支店（口座番号4567890）

3. その他遺言者に属する一切の財産を妻松原昌子に相続させる

付言事項で感謝の言葉と遺留分を超える理由を書いておくことがトラブル防止につながる。その他、遺品の処分方法などを伝えてもよい

4. 付言事項

よい人生を送れたことを家族みんなに感謝します。子供たちは少ない預貯金だけで申し訳ないと思うが、お母さんの今後の生活のための家と必要最低限の生活資金として譲ってあげてほしい。お母さんが亡くなった後は、いろいろ不満はあってももめることのないようにきっちり半分ずつの取り分で分けてほしい。早く会いたいのは山々だが、少しでも再会の日は遅くなることを願っています。

令和3年4月10日

日付は特定できることが必要。「4月吉日」などは特定できないので不可

東京都世田谷区○○1丁目○○番○○号
遺言者　松原一郎　㊞

長生き社会では相続前の認知症対策も重要になる

POINT

- ✓ 認知症になると本人が財産管理できなくなり相続対策に支障をきたす
- ✓ 認知症対策としては成年後見制度と家族信託制度がある
- ✓ 財産管理に柔軟性のある家族信託は相続対策としても使いやすい
- ✓ 成年後見制度は死亡で終了するが家族信託は死後の財産管理もできる

認知症対策は主に2つある

近ごろでは、「人生１００年時代」ともいわれ、認知症と財産管理の問題が注目されるようになりました。認知症は相続対策にも大きな障害となります。

なぜなら、認知症になると本人は財産管理ができなくなり、遺産分割の意思も示せなくなるからです。家族の１人がそれにつけ込んだり、遺言書があっても有効性に疑義が生じたりして、相続トラブルの可能性が高くなります。

認知症対策としては、主に、成年後見制度と家族信託があります。それぞれの特徴は表に示した通りです。

成年後見制度は使いにくい

成年後見制度は、判断能力が低下あるいは喪失した人に、後見人をつけることによって本人を保護する制度です。同制度には、判断力低下前に本人が契約しておく任意後見と判断力低下後に家庭裁判所が後見人を選任する法定後見があります。

このうち、法定後見は本人の判断能力が低下してしまっているので、通常は家族などが家庭裁判所に申し立てることによって始まります。家庭裁判所では成年後見人を選定しますが、判断能力の低下度合いに応じて「補助」「保佐」「後見」の3種類があります。最も重度な後見の場合、あらゆる法律行為を代理することができます。

成年後見制度は、判断能力の低下した本人の財産や権利を保護することを目的としています。あくまでも本人のためだけの制度なので財産管理上の強い制約があり、相続対策としては使いにくい面があります。

これに対して家族信託制度は、財産の引き継ぎも含めた財産管理の認知症対策なので、財産管理を柔軟にでき、本人死亡後にも契約の効力を保てるため、相続対策としては向いています。具体的には次項で説明します。

成年後見制度と家族信託制度

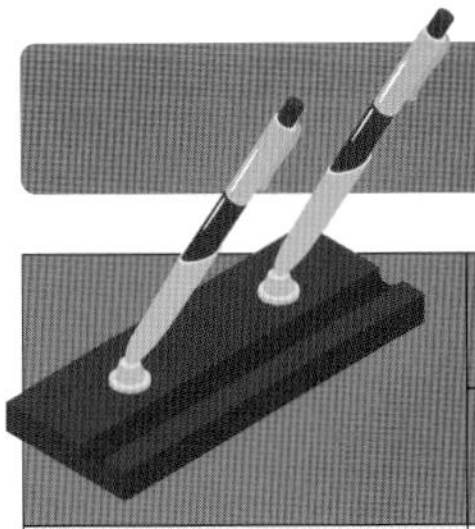

	成年後見制度		家族信託制度
	任意後見	法定後見	
制度の実施	本人が家族や弁護士などの任意後見人（任意後見受任者）と契約	家族などが家庭裁判所に申し立て	本人が信頼できる家族などと信託契約
契約（申し立て）可能な時期	判断能力低下前に契約	判断能力低下後に申し立て	判断能力低下前に契約
開始時期	判断能力低下後（家庭裁判所の任意後見監督人選任後）	申し立て後	契約時
終了時期	本人の死亡	本人の死亡	契約により死後の財産管理も可能
財産管理者	任意後見人	裁判所が選任した成年後見人	受託者
財産の管理・処分	任意後見人が契約に基づいて自由に管理・処分できる ※ただし本人保護の合理的理由がないと後でトラブルの可能性	自宅の処分には家庭裁判所の許可が必要 ※資産の積極的運用などは不可	受託者が契約に基づいて自由に管理・処分できる
財産管理者の監督	任意後見監督人	家庭裁判所および成年後見監督人	信託監督人を契約で定められる（任意）
身上監護（介護施設入所の契約、病院への入院手続きなど）	できる	できる	原則できない ※信託財産管理のみ
遺言の機能	なし	なし	あり

目的に合わせて
検討しよう

認知症対策として利用が増えている家族信託制度

POINT

- 家族信託は「資産」と「思い」を信頼できる家族に託す制度
- 成年後見制度と異なり判断能力を失ってからでは利用できない
- 遺言書代わりに、また遺言書より手軽にさまざまな相続対策に使える
- すべての財産を信託財産にできないなどの注意点を知っておく

判断能力があるうちに開始

家族信託は将来の意思能力（判断能力）の低下に備えた相続対策として有効です。ただし、意思能力があるうちに検討すべき対策で、認知症などが進行して意思能力を失ってからでは利用できません。

家族信託は、成年後見制度の代わりに認知症対策として使えるほか、不動産の共有対策（相続人共有回避）、2次相続対策（遺言書ではできない2次相続人の指定）などの相続対策にも使えます。このように、遺言書代わりに使うこともできるのが大きな特徴です。

元気なら自分で財産を使える

家族信託の基本的な仕組みは、図のようになります。まず財産の所有者（委託者）が、信頼できる家族から引受人（受託者）を選んで信託契約を結び、財産の管理を依頼します。図の事例では委託者が父、受託者が長男というケースです。適当な受託者がいない場合は、第三者の法人に依頼することもできます。

委託者（父）の財産は信託財産として受託者（長男）に名義が変わりますが、父は受益者として元気なうちは引き続き信託財産（自分の財産）を使うことができます。

その後、認知症などで判断能力が低下したときは、受託者（長男）が柔軟に信託財産の処分などを実行することができます。通常の預金のように、資産凍結で資産が使えなくなることはありません。

なお、他の家族（図では長女）を信託監督人にして、適正な管理をチェックすることもできます。

家族信託の利用には、いくつかの注意点もあります。まず、受託者の選定を安易に行うと他の相続人とトラブルが起きる可能性があります。また、すべての財産を信託財産にすることはできません（年金受給権などは不可、上場株式も困難）。信託財産以外の財産は相続時に遺産分割協議が必要になります。

家族信託の基本的な仕組み

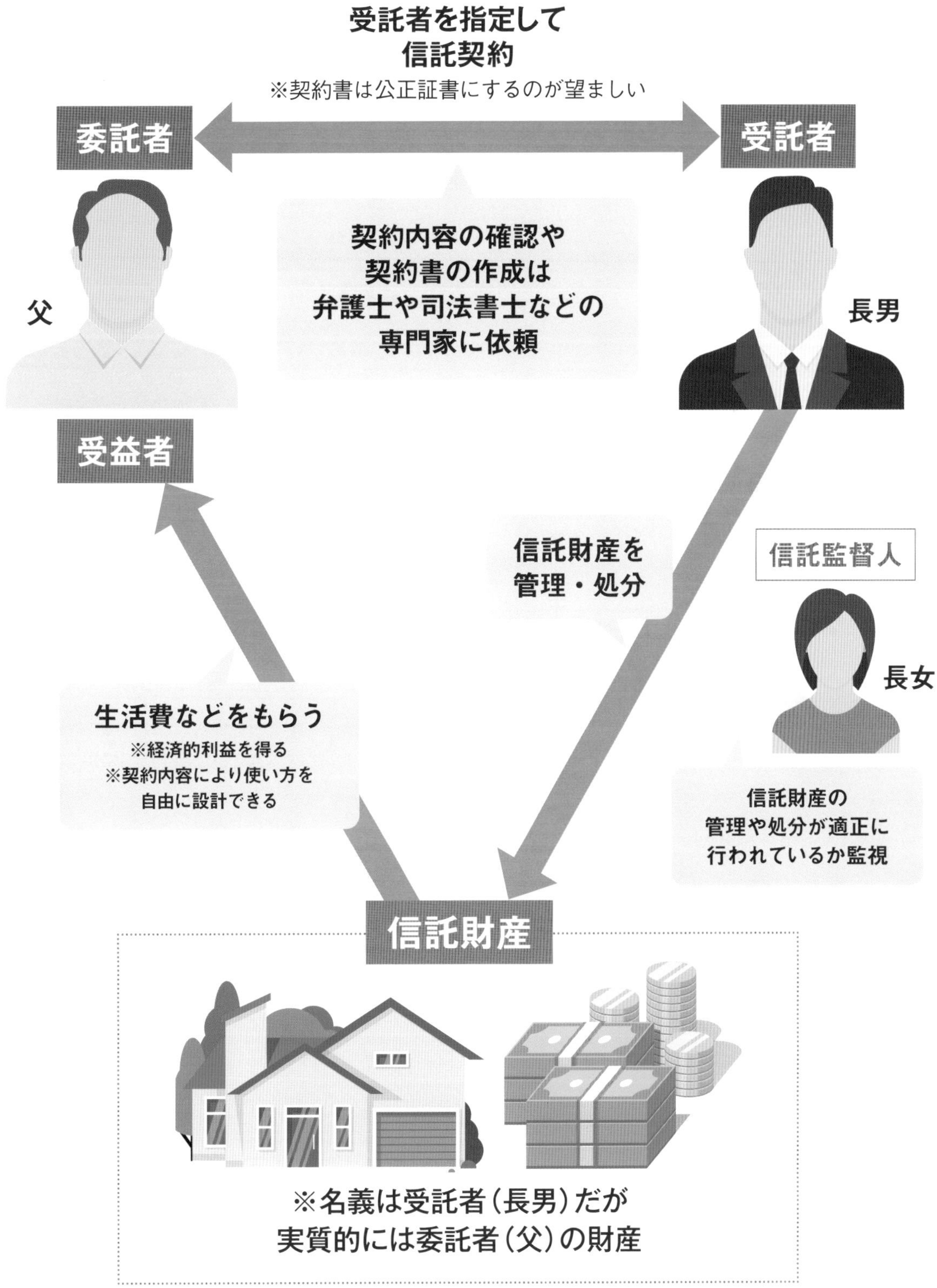
受託者を指定して
信託契約
※契約書は公正証書にするのが望ましい
委託者
受託者
父
長男
契約内容の確認や
契約書の作成は
弁護士や司法書士などの
専門家に依頼
受益者
信託財産を
管理・処分
信託監督人
長女
生活費などをもらう
※経済的利益を得る
※契約内容により使い方を
自由に設計できる
信託財産の
管理や処分が適正に
行われているか監視
信託財産
※名義は受託者（長男）だが
実質的には委託者（父）の財産

Chapter 4 6 将来の実家の不動産相続をトラブルなく終えるために

準備なしの相続発生でもトラブル回避の対応を

POINT

- 期限の短いものもあるので手続きの種類と期限は確認しておく
- 遺産分割協議で共有名義の方針と解消の方針だけは文書で決めておく
- 感情のぶつかり合いでまとまらないときは専門家の仲立ちも有効
- 最後はお互いを思いやる心に立ち返ることが円満な解決への道

期限と方針だけは意識する

事前準備のないうちに親が亡くなり、相続が発生してしまった場合はどうしたらよいでしょうか。

特に、急な死亡の場合は葬儀などでも勝手がわからず振り回され、相続対策どころではありません。

目の前の葬儀などに追われていても、必要な手続きの種類と期限だけは確認しておくようにしましょう。相続税の申告・納税期限が10カ月だというのは比較的よく知られていますが、相続放棄を望むなら3カ月以内など、意外と期限の短い手続きもあります。

相続手続きの中でも最も重要で、トラブルになりやすいのが遺産分割協議です。事前了解があればともかく、いきなり話し合ったのでは、相続人同士の感情や利害がぶつかり合い、なかなかまとまるものではありません。

特に、不動産は分けにくく、価格もはっきりわからないので、全員が納得のいく合意に落とし込むのはひと苦労。「まあ、持分は平等なんだからとりあえずそのままにしておくか」となりがちです。

当座の対応としてはやむを得ないとしても、共有名義をそのままにしておくと後で必ずトラブルになります。「実家に住む者が5年をめどに買い取る」「賃貸活用か売却か1年間検討して決める」など期限と方針だけは取り決めて、かつ必ず文書を交わしておきます。

最後は思いやりが解決する

相続では、身内特有の感情のぶつかり合いが起こります。準備なしに相続が発生すればなおさらです。疑心暗鬼になって合理的な判断もできなくなります。

こんなときは、専門家に中に入ってもらうのも有効です。客観的な落としどころを提案してもらえるからです。ただし、いくらよい提案でも、気持ちが受け入れを左右します。最後はお互いを思いやる心を目覚めさせ、円満な解決へと導いていきましょう。

急な相続でもハッピーロードを歩んでいくために

交通事故で
両親が死亡！

互いを思いやる気持ちを
持って話し合う

必要な手続きの
種類と期限の確認

専門家の
アドバイスを聞く

実家は当座は共有名義でやむを
得ないが、期限と方針を決めて
文書を交わしておく

**それぞれがハッピーな道を
歩むために最も大切なのは
お互いの思いやり**

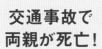

【著者略歴】

松原昌洙（まつばら・まさあき）

株式会社中央プロパティー 代表取締役
宅地建物取引士
一般社団法人相続総合支援協会 代表理事
相続アドバイザー（NPO 法人相続アドバイザー協議会認定）
住宅ローンアドバイザー（社団法人全日本不動産協会認定）

1970 年生まれ、静岡県出身。2011 年に業界で唯一、借地権・共有名義不動産を専門に扱う株式会社中央プロパティーを創業。弁護士・司法書士・不動産鑑定士などの専門家とともに問題解決に取り組む体制を確立。現在までに 2500 件以上のトラブル解決をサポート。その実績から、新聞・雑誌・テレビなどのメディアにも取り上げられ多数出演。また、弁護士・司法書士・税理士などの専門家だけで構成された一般社団法人相続総合支援協会を立ち上げ、代表理事としてセミナーを開催し、地方講演などの支援も行っている。著書は『不動産相続のプロが解決！ 危ない実家の相続』（毎日新聞出版）、『あぶない !! 共有名義不動産』（幻冬舎メディアコンサルティング）、『相続の落とし穴！共有名義不動産』（合同フォレスト）、『頑固な寿司屋の大将も納得する !? よくある借地権問題』（ギャラクシーブックス）など。

［図解《ずかい》］実家《じっか》の相続《そうぞく》、今《いま》からトラブルなく準備《じゅんび》する方法《ほうほう》を不動産相続《ふどうさんそうぞく》のプロがやさしく解説《かいせつ》します！

2021 年 2月 1日 初版発行

発行 **株式会社クロスメディア・パブリッシング**
発行者 小早川 幸一郎
〒151-0051 東京都渋谷区千駄ヶ谷 4-20-3 東栄神宮外苑ビル
https://www.cm-publishing.co.jp
■本の内容に関するお問い合わせ先 …………………… TEL (03)5413-3140 ／ FAX (03)5413-3141

発売 **株式会社インプレス**
〒101-0051 東京都千代田区神田神保町一丁目105 番地
■乱丁本・落丁本などのお問い合わせ先 ……………… TEL (03)6837-5016 ／ FAX (03)6837-5023
service@impress.co.jp
（受付時間 10:00 ～ 12:00、13:00 ～ 17:00 土日・祝日を除く）
※古書店で購入されたものについてはお取り替えできません
■書店／販売店のご注文窓口
株式会社インプレス 受注センター ………………… TEL (048)449-8040 ／ FAX (048)449-8041
株式会社インプレス 出版営業部 ……………………………………… TEL (03)6837-4635

カバー・本文・図版デザイン 華本達哉（aozora）
DTP 荒好見
印刷 株式会社シナノ
編集協力 川栄和夫
校正 小倉レイコ
ISBN 978-4-295-40500-9 C2030